한국 교육의 자화상

일본의 교육양극화

日本の教育格差

다치바나키 토시아키 저   오무철 · 김병욱 공역

학지사

日本の教育格差
(NIHON NO KYOIKU KAKUSA)

by Toshiaki Tachibanaki

© 2010 by Toshiaki Tachibanaki
First published 2010 by Iwanami Shoten, Publishers, Tokyo.

This Korean language edition published © 2013
by Hakjisa Publisher, Inc., Seoul
by arrangement with the proprietor c/o Iwanami Shoten, Publishers, Tokyo.

3

역자 서문

이 책은 경제학자인 다치바나키 토시아키(橘木俊詔)의『일본의 교육격차(日本の教育格差)』(2010, 岩波書店, 240쪽 분량)를 옮긴 것이다.

최신의 자료와 정보를 제시하면서 일본 교육이 양극화되었으며 이 문제를 해결하기 위한 방향을 제안하고 있다는 점에서, 이 책은 한국의 교육 현실과 교육양극화 문제를 들여다보는 데 아주 좋은 시각을 제시한다. 우리는 이 책을 통해 한국이 겪고 있는 교육 현실이나 교육 문제들이 일본의 그것과 아주 비슷함을 다시 한 번 확인할 수 있다. 특히 일본의 교육 현실, 예를 들면 대학 입시 위주의 교육, 서열화된 대학, 대중화된 대학교육, 학력과 임금격차, 대학 등록금 문제, 가정환경이 학업성적에 주는 영향력 등에 관한 저자의 분석과 설명은 한국의 교육 현실을 들여다보는 데 더없이 좋은 연구 모형이 될 수 있다. 흔히 한국의 교육정책이 미국 교육 이론의 영향을 많이 받는다고 하지만, 이 책을 보면 오히려 한국의 교육 현실이 일본과 유사하다는 점을 알 수 있다. 이를 고려하면, 저자가 제시하는 안목과 제안이 한국의 교육 문제를 탐구하거나 정책을 구안하는 데 더 좋은 시사점을 준다.

일본의 교육양극화 문제 해결을 위해 저자가 제안하는 관점에 덧붙여, 역자들은 대학의 질을 높이기 위해 실시한다는 대학 평가라는 이름 아래 대학 지원의 통제 정책을 펴기보다는 일자리를 늘리고 공유하면서 실업을 줄이고 직장인의 근무시간을 적절히 조정하는 일이 진정한 복지이자 삶의 질을 높이는 정책의 핵심이라는 점을 제안하고 싶다.

일본어판을 오무철이 옮기고, 이를 김병욱이 우리말 표현과 맥락에 유의하여 고치는 작업을 하였다. 번역은 직역을 원칙으로 하였으나, 다음과 같은 점에서는 과감히 우리말 어법으로 의역하였다. 첫째, 저자가 사용하는 전문용어 중 최근 한국에서 연구되는 흐름과 관련될 경우 한국적 개념으로 바꾸거나 각주 등에 설명을 덧붙였다. 예컨대 '교육격차'라는 말을 때로는 '교육격차' 때로는 '교육양극화'로 옮기면서 문맥상 한국 상황에서의 논의에 알맞도록 하였다. 둘째, 일본식 표현이나 저자 특유의 서술 방식은 우리말 표현법으로 의역하였다. 셋째, '학력'이라는 말이 혼동되지 않도록 해당되는 곳을 학력(學力), 학력(學歷), 학업성적(學業成績) 등으로 괄호 안에 한자를 밝혀 그 내용을 명확히 하였다. 넷째, [그림]이나 〈표〉 그리고 각주 등에 제시된 참고문헌이 단행본인 경우는 『 』로, 법, 논문인 경우는 「 」로, 보고서인 경우는 〈 〉로 구분하였다.

마지막으로, 이 책을 소개해 준 하라다 미노루(原田実) 선생과 그의 조언에 감사한다.

2013년

옮긴이 오무철, 김병욱

교육은 한 사람의 삶에 엄청난 영향을 미친다. 질 높은 교육을 받은 사람은 좋은 직장에 취업하게 되고 소득도 높을 것이나, 제대로 교육을 받지 못한 사람은 취업도 힘들 것이고 소득도 낮을 것이다. 이처럼 교육기회의 차이는 교육 결과의 차이로 연결된다. 이 책에서는 이러한 교육양극화*를 초래하는 현상을 검증하고자 한다.

교육양극화에서 먼저 주목해야 할 것은 학력양극화(學歷兩極化)다. 학력양극화는 세 가지 차원에서 분류할 수 있다. 첫째는 중학교 졸업, 고등학교 졸업, 대학교 졸업 등 졸업 학교 단계에서의 양극화이고, 둘째는 최종 졸업학교가 명문 학교냐 아니냐 하는 점에서의 양극화이며, 셋째는 최종 졸업학교의 전공(고등학교는 인문계와 실업계, 대학은 법대, 공대, 의대 등)에서의 양극화다. 이 책에서는 이러한 학력의 세 차원이 한 인간의 삶에 어떤 영향을 미치는지를 실증적

---

*역주: 저자는 '교육격차(敎育格差)'란 말을 쓰고 있으나, 문맥에 따라 이를 '교육양극화' 또는 '교육격차'로 번역하였다. 그 이유는 '교육양극화'란 개념이 최근 한국에서 많이 쓰이기 때문이다.

자료에 기초하여 검증할 것이다.

이렇게 하여 나는 일본이 학력사회(學歷社會)인지 아닌지, 학력사회라면 그 실상은 어떤지를 밝힐 것이다. 동시에 왜 그런 학력양극화가 생기는지도 알아볼 것이다. 부모의 학력, 직업, 소득이 자녀교육에, 그리고 학생 본인의 능력이나 의욕이 학력성취에 얼마나 영향을 주는지도 살필 것이다. 이는 교육의 기회균등 원칙이 어느 정도 실현되고 있는지를 알아보는 데 중요한 논제이기도 하다. 나아가 이 점에서 일본 교육의 과거와 현재의 경향을 비교하여 검증할 것이다.

나는 교육 전문가가 아니라 경제학자이기 때문에 교육과 경제 관계에 주목하면서 논의를 전개할 것이다. 교육을 받은 뒤 어떤 직업을 갖게 되고 어느 정도의 소득을 얻느냐에 대한 관심은 경제학적 관점이다. 교육에는 비용이 든다는 점도 경제학적 관점에서 중요하게 살필 일이다. 따라서 최근 주목받고 있는 공립학교와 사립학교의 차이에 대한 관심도 경제학적 측면에서 살펴볼 중요한 분석거리다. 그렇지만 교육 문제를 경제학적 관점으로만 분석할 수는 없기 때문에 교육학, 사회학, 철학, 윤리 사상 등의 관점에서 교육 문제가 어떻게 논의되어 왔는지에 대해서도 나름대로 살피고자 한다.

제2차 세계대전 후, 일본은 모든 아동에게 동등한 교육기회를 제공하며 내실을 기하고자 새로운 교육 정책을 펴 왔다. 이를 위한 교육 시스템에 문제가 없는 것은 아니지만, 공평성을 성취하는 데는 어느 정도 기여해 왔다. 그러나 지금 일본에는 학력(學力)저하와 학력(學力)격차 등 여러 가지 문제가 노출되고 있다. 그중에서도 저소득층이 늘면서 교육의 기회 균등이 흔들리거나, 졸업해도 취업하지 못하는 학생들이 늘어나는 등 교육과 취업이 잘 연계되지 않는 현상이 심각하다. 이 책이 교육기회의 양극화와 교육결과의 양극화 모두에 주목하는 이유는 이 때문이기도 하다.

한 나라의 교육이 어떤 모습을 지니느냐에 따라 그 나라의 운명도 달라진다. 따라서 이는 학생, 부모, 교사, 교육 관계자뿐만 아니라 일본 사회 전체가 관심을 가져야 할 주제다. 일본 교육이 어떤 방향으로 나아가야 할 것인가를 고민할 때 이 책이 참고가 된다면 저자로서는 영광일 따름이다.

다치바나키 토시아키(橘木俊詔)

제2장 가정환경의 영향력을 어떻게 볼 것인가 ● 49

제3장 학교교육의 발전과 양극화 ● 87

제4장 일본 교육의 불평등화 • 135

제 1 장

3극화(三極化)하는 학력사회 일본의 실상

교육양극화를 문제로 삼을 경우, 학력사회(學歷社會)를 어떻게 볼 것인가에 대해서 먼저 논의할 필요가 있다. 태어나서 자라난 환경, 특히 부모의 경제력에 따라 자녀가 받는 교육의 질이나 수준에 차이가 생기게 되고, 그에 따라 장래 사회적 대우에서도 차이가 생길 것이다.

그렇다면 일본의 교육양극화의 실상은 어떠한가? 일본의 교육양극화를 알아보려면 일본이 학력사회인지 아닌지를 먼저 따져봐야 한다. 일본이 학력사회라는 주장은 상당히 오래전부터 있어 왔는데, 도쿄(東京)대학을 비롯한 명문 대학에 진학하기 위한 입시 경쟁이 치열했던 점을 봐도 이를 잘 알 수 있다.

이 장에서 나는 학력이 세 가지 차원에서 3극화하고 있다는 점을 실증적 자료를 들어가며 밝히고자 한다.

1. 일본은 학력사회(學歷社會)인가

1) 학력사회란

학력사회의 기본적인 특징은 어떤 학교를 졸업했느냐에 따라 그 사람의 인생이 달라진다는 점이다. 졸업한 학교에 따라 사회적 대우가 달라질 뿐만 아니라 그 사람에 대해 갖는 인상이나 대하는 태도 등도 달라진다.

학력사회를 이야기하려면 먼저 학력(學歷)이 무엇인지를 살펴야 할 것이다. 학력에는 다음과 같은 세 가지 속성이 있다. 첫째, 학력은 초등학교부터 대학원까지 중에서 어떤 단계의 학교교육을 마쳤느냐 하는 졸업 학교의 단계와 관련된다. 둘째, 동일한 단계의 학교교육을 받았더라도 학력은 어떤 학교를 졸업했느냐, 즉 인지도가 높은 명문 학교를 졸업했느냐 혹은 이름 없는 학교를 졸업했느냐 하는 것과 관련된다. 셋째, 학력은 전공과도 관련된다. 고등학교이면 인문계 고등학교를 졸업했느냐 혹은 실업계 고등학교를 졸업했느냐, 그리고 대학이면 법학을 전공했느냐, 공학을 전공했느냐, 혹은 의학을 전공했느냐 하는 것과 관련된다.

이 세 가지 종류의 학력은 어떤 직업을 갖게 되느냐, 어떤 기업 또는 관공서에 들어가느냐, 조직 내에서의 승진은 어떠하냐, 어느 정도의 임금을 받느냐 등, 개인이 영위하게 될 미래의 사회생활과 경제생활에 큰 영향을 준다. 학력은 또한 개인의 정신적인 면과 삶의 방식, 어떤 사람과 결혼하느냐, 자녀 교육을 어떻게 할 것인가 등 인생 전반에도 영향을 미친다. 이 책은 이런 점에 주목하면서 학력이 의미하는 바를 살필 것이다.

그런데 학력사회를 논할 때는 다음과 같은 점에 주목할 필요가 있다. 지금까지는 주로 받은 교육이 미래의 삶에 어떤 영향을 미치는지에 관심을 두었지만, 이제는 학생을 둘러싼 환경이나 학생의 능력에 따라서 어떤 교육을 받게 되는지, 곧 학생이 자라난 가정환경, 가지고 있는 능력이나 의욕에 따라 어떤 교육을 받게 되는지에 관해서도 살펴봐야 할 것이다.

2) 학력 간 임금격차(국제 비교)

먼저 졸업한 학교의 단계에 따라 직장에서 받는 임금에 어떤 차이가 나는지를 살펴보자. 대학교를 졸업한 사람은 중학교 졸업자나 고등학교 졸업자보다 임금을 더 많이 받을 것으로 예상할 수 있다. [그림 1-1]은 여러 국가의 학력에 따른 임금격차를 나타낸 것이다.

일본의 경우, 중학교 졸업자의 임금을 100으로 볼 때, 고등학교 졸업자는 109, 전문대 졸업자는 110, 대학교 졸업자 및 대학원 졸업자는 160이다. 이는 학력이 높을수록 임금이 높아진다는 뜻으로, 학력이 높아지면 임금도 높아진다는 가설이 맞아떨어지는 셈이다. 좀 더 자세히 살펴보면, 중학교 졸업자와 고등학교 졸업자 간에는 9% 그리고 전문대 졸업자와 고등학교 졸업자 간에는 1%밖에 차이가 나지 않지만, 대학교·대학원 졸업자는 중학교 졸업자보다 임금이 60%나 많다. 따라서 대학교 졸업 이상의 학력이 임금에 미치는 정도는 매우 크다고 할 수 있다.

요컨대, 일본의 학력 차에 따른 임금격차는 중학교 · 고등학교 · 전문대[1] 졸업자를 한 집단으로 하는 저임금층과 대학교 · 대학원 졸업자를 한 집단으로 하는 고임금층으로 구분할 수 있다. 저임금층의 대부분은 고등학교 졸업자이고 고임금층의 대부분은 대학교 졸업자다. 일본에서는 고등학교 졸업자와 대학교 졸업자 간에 임금 차이가 크다고 할 수 있다. 바꾸어 말하면, 고등학교 졸업으로 끝내느냐 혹은 대학교에 진학하느냐는 임금에 큰 영향을 미친다고 할 수 있다. 임금 · 소득 면에서 볼 때, 일본의 학력사회를 상징하는 것은 고등학

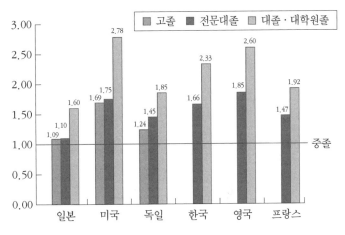

[그림 1-1] 학력 간 임금격차(국제 비교)

주: 중학교 졸업자 임금을 1로 하여 기준화하였음.
출처: 일본 이외의 데이터는 OECD, *Education at a Glance 2006*; 厚生勞働省〈賃金構造基本統計調查(임금구조 기본 통계조사)〉(2006年版)

---

1 역주: 2~3년제 초급대학인 '단대(短大, 短期大學)'와 전문사 자격증이 주어지고 4년제 대학 3학년에 편입 가능한 '전문학교'는 한국의 전문대학과 유사하므로 '전문대'로 옮겼다.

교 졸업자와 대학교 졸업자 간의 격차다. 따라서 일본에서는 많은 학생이 대학 진학을 원하고 대부분의 부모도 자녀를 대학에 보내려고 할 것이다. 또한 많은 사람이 학력 차이에 관심을 갖고 화제로 삼는 이유도 이러한 배경 때문일 것이라고 생각한다.

이번에는 국제 비교로 눈을 돌려보자. 학력에 따른 임금격차를 비교한 [그림 1-1]은 놀라운 사실을 보여 주고 있다. 일본은 미국, 독일, 한국, 영국, 프랑스 등과 비교할 때 학력 간의 임금격차가 가장 작은 나라다. 비교한 국가는 서구 선진국과 일본에서 가까운 한국으로 우리가 가장 관심을 갖는 나라들이라 할 수 있다.

대학교ㆍ대학원 졸업자의 경우, 일본이 1.60인데 비해 독일은 1.85, 프랑스는 1.92, 한국은 2.33, 영국은 2.60, 미국은 2.78이다. 다른 국가들은 일본보다 학력에 따른 임금격차가 상당히 크다. 국가에 따른 차이는 영국과 미국이 가장 크고, 한국이 그다음이다. 독일과 프랑스는 이들 국가보다 작다. 영국, 미국, 한국에서는 고학력에 따른 경제적 혜택이 크고, 독일, 프랑스, 일본은 비교적 작은 편이다. 그리고 일본은 그 격차가 가장 작은 나라다.

학력 간 임금격차는 대학교 졸업자 이외의 고등학교 졸업자와 전문대 졸업자에서도 일본이 가장 작다. 결론적으로 일본의 학력 간 임금격차는 다른 서구 선진국이나 한국에 비해 상당히 작다. 따라서 일본은 학력에 따른 불평등이 낮다고 할 수 있다. 그럼에도 많은 일본인이 일본을 학력사회라고 생각한다면 방금 밝힌 현실과 맞지 않는다고 생각할 수 있다. 왜 수많은 일본인은 일본을 학력사회라고 생각하는 것일까? 그 이유를 검토해 보기로 하자.

3) 학력과 승진

이에 대해 얻을 수 있는 한 가지 해답은 바로 기업과 관공서에서의 승진 문제에서 찾을 수 있다. 고등학교 졸업자와 대학교 졸업자 간에는 과장이나 부장 혹은 임원이나 사장의 승진에서 차이가 난다. 학력이 높을수록 고위직으로 승진할 확률이 높다. [그림 1-2a]와 [그림 1-2b]는 100명 이상의 직원을 가진 일본 기업에서 과장이나 부장으로 승진할 확률을 학력별로 나타낸 것이다. 요즈음 일본에서는 '과장' '부장'이 아니라 '그룹리더' '디렉터' '헤드' 등으로 부르고 있지만, 여기서는 '과장' '부장'이란 호칭으로 통일해서 쓰기로 한다. 통계에서는 각각의 부·과에 속하는 사람 수를 동일하게 했다. 그렇기에 여기서의 부장이나 과장으로의 승진 비교는 정확하다.

과장이 남성인 경우, 고등학교 졸업자 승진이 5.9%로 12.4%인 대학교·대학원 졸업자의 절반 정도다. 부장의 경우, 고등학교 졸업자는 대학교·대학원 졸업자의 1/3에 불과하다. 따라서 과장 승진에 대학교·대학원 졸업자가 고등학교 졸업자보다 유리하며 부장 승진의 경우에는 훨씬 더 유리하다. 전문대 졸업자는 고등학교 졸업자와 대학교·대학원 졸업자 간의 중간 수준이지만, 고등학교 졸업자의 승진 수준에 가깝기 때문에 대학교·대학원 졸업자가 훨씬 더 유리하다고 할 수 있다.

여성의 경우는 남성보다 승진 가능성이 크게 낮으며 승진에서 두드러지게 배제되고 있다. 그 배경에는 여성 차별이 여전히 존재하고, 관리직과 일반직 간에 차이가 있으며, 도중에 그만두는 여성이 많은 등, 여러 가지 사정이 있다. 따라서 여성의 승진 문제를 남성과

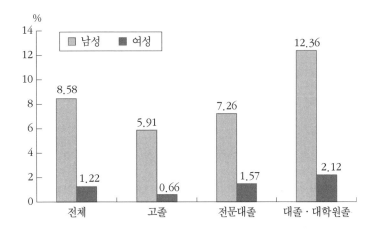

[그림 1-2a] 남녀별 · 학력별 과장급 근로자 비교

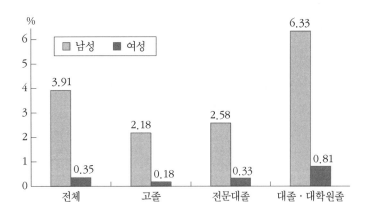

[그림 1-2b] 남녀별 · 학력별 부장급 근로자 비교

주: 두 그림 동일하게 전체는 종업원 100명 이상의 기업을 합계한 것임.
출처: 厚生勞働省〈賃金構造基本統計調査(임금구조 기본 통계조사)〉(2006年版)

동일 선상에서 논하는 것은 적절치 않으므로 여기에서는 더 이상 언
급하지 않겠다. 다만 과장 · 부장 등의 관리직에서는 남성과 마찬가
지로 여성도 학력이 높을수록 승진 확률이 높다는 것을 지적해 둔

다. 결론적으로 일본 기업에서 남녀 모두 승진에 있어 학력의 영향
력은 상당히 강하다.

4) 일반직과 관리직의 임금격차

승진의 결과로 생기는 직급에 따른 임금 차이는 어느 정도일까?
[그림 1-3]은 일반직과 관리직의 임금 차이를 나타낸 것이다. 일반
직과 과장의 임금 차이는 남성의 경우 310만 엔, 여성의 경우는 340만
엔으로 상당히 크다. 부장으로 승진하면 일반직과의 임금 차이는 남
성이 500만 엔, 여성이 540만 엔으로 더 커진다. 일반직과 과장의
차이가 과장과 부장의 차이보다 크기 때문에 과장으로 승진하는 일
이 중요하다.

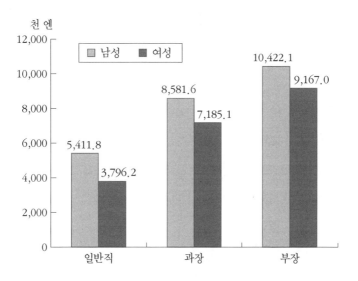

[그림 1-3] 일반직과 관리직의 임금격차

출처: 厚生勞働省〈賃金構造基本統計調査(임금구조 기본 통계조사)〉(2006年版)

  지금까지 확인한 대로, 학력이 높을수록 승진 확률도 높아지고, 관리직으로 승진하면 임금이 큰 폭으로 늘어난다([그림 1-1]). 이렇게 볼 때, 일본에서 학력에 따른 임금격차가 다른 국가들에 비해 작다고 한 앞에서의 설명은 모순된 것이다.

  쉽게 말해서, 대학교 졸업자가 관리직으로 승진할 확률이 높고, 관리직으로 승진하면 높은 임금을 받게 되어 학력 간의 임금 차이는 클 것으로 예상할 수 있다. 그럼에도 왜 일본이 다른 국가들에 비해 그 차이가 작게 나타날까? 이런 모순을 해소하려면 다음과 같이 생각하면 된다. 가령 대학교 출신 모두가 과장·부장으로 승진한다면, 저학력과 고학력 간의 임금격차는 크게 나타날 것이다. 그러나 실제로는 대학교 출신이라 해서 모두 승진하는 것은 아니고, 승진해도 속도가 느린 경우가 많다. 일부 승진한 대학교 졸업자는 고임금을 받겠지만 그 수는 소수에 불과하다. 대다수는 승진하지 못하거나 승진해도 계장 정도에 그치는 경우가 많다. 대학교 졸업자 모두를 표본으로 해서 평균 임금을 산출하면 학력에 따른 임금격차가 그다지 높지 않게 나온다. 따라서 이 수치로 다른 나라와 비교하면 적절하지 않다.

  요약하면, 기업에서의 과장·부장 등의 관리직 승진에서 대학교·대학원 졸업자가 고등학교 졸업자보다 상당히 유리하고, 승진하면 더 많은 임금을 받는다. 그러나 학력이 높다고 모두 승진하는 것은 아니므로 대학교 졸업자라 해도 승진하지 못해 저임금을 받는 사람도 많다. 승진한 대학교 출신과 승진하지 못한 대학교 출신을 합해 대학교 졸업자의 평균 임금을 산출하면 그 임금 수준이 그다지 높지 않다. 이에 따라 일본에서 학력 간의 임금격차가 전체적으로 크지 않다고 나오는 것일 뿐이다.

5) 경영자의 학력

지금까지는 기업의 관리직을 살펴보았는데, 이번에는 경영자에 관해서 살펴보자. 경영자는 기업 내 승진이 많지만, 다른 회사로 파견을 가거나 스카우트되는 경우도 있다. 먼저 경영자가 되는 데 학력은 어떤 영향을 미치는지, 보다 구체적으로는 어떤 대학을 졸업하면 경영자가 되기 쉬운지를 살펴보자.

비상장 기업이나 주식회사가 아닌 기업까지 포함하면 일본 내 기업 수가 무려 300만 개나 되므로, 이들 경영자의 학력을 모두 조사할 수는 없다. 그래서 여기서는 상장 기업의 임원에 한해 분석하기로 한다. 상장 기업에는 고등학교나 전문대 출신의 경영자가 많지는 않으므로 대학교 출신에 한정하되 졸업 대학교, 곧 출신 대학교 간 차이를 살펴보기로 한다.

〈표 1-1a〉와 〈표 1-1b〉는 상장 기업에서 사장과 임원을 배출한 최상위 15개 대학을 나타낸 것이다. 배출 비율 계산에서는 최근에 그 대학에서 입사한 인원을 분모로 하고, 그 대학 출신의 사장 내지 임원을 분자로 삼았다. 일본에서는 졸업생이나 재학생 수가 대학에 따라 크게 차이가 나기 때문에 사장이나 임원이 된 사람의 절대 인원수로 평가하는 것이 좋겠지만, 이렇게 하면 공평하지 않다. 그래서 여기서는 사장이나 임원 배출을 보다 공평하게 분석할 수 있도록 배출 비율로 따져 보기로 한다.

우선 〈표 1-1a〉와 〈표 1-1b〉에서 알 수 있듯이 명문 대학이 줄

〈표 1-1a〉 사장 배출 상위 15개 대학		〈표 1-1b〉 임원 배출 상위 15개 대학	
대학명	지수	대학명	지수
1. 교토(京都)대학*	0.074	1. 교토(京都)대학*	0.550
2. 히도츠바시(一橋)대학*	0.065	2. 히도츠바시(一橋)대학*	0.450
3. 게이오기주쿠(慶應義塾)대학	0.063	3. 게이오기주쿠(慶應義塾)대학	0.286
4. 도쿄(東京)대학*	0.049	4. 도쿄(東京)대학*	0.281
5. 고베(神戶)대학*	0.026	5. 나고야(名古屋)대학*	0.266
6. 와세다(早稻田)대학	0.020	6. 고베(神戶)대학*	0.165
7. 요코하마(橫浜) 국립대학*	0.020	7. 와세다(早稻田)대학	0.144
8. 나고야(名古屋)대학*	0.018	8. 나고야(名古屋) 공업대학*	0.136
9. 추오(中央)대학	0.017	9. 추오(中央)대학	0.131
10. 세이케이(成蹊)대학	0.017	10. 오사카(大阪) 시립대학*	0.123
11. 고난(甲南)대학	0.017	11. 요코하마(橫浜) 국립대학*	0.109
12. 각슈인(學習園)대학	0.017	12. 가나자와(金澤)대학*	0.103
13. 오사카(大阪) 시립대학*	0.016	13. 오타루(小樽) 상과대학*	0.102
14. 도쿄(東京) 해양대학*	0.015	14. 메이지(明治)대학*	0.095
15. 가나자와(金澤) 대학*	0.015	15. 규슈(九州)대학*	0.086

* 는 국·공립 대학.

출처: 『プレジデント(프레지던트)』 2009年 10月 19日 号

줄이 이름을 올리고 있다. 도쿄대학, 교토대학, 규슈대학, 나고야대학과 같은 옛 제국대학과 히토츠바시대학, 와세다대학, 게이오대학과 같은 명문 사립대학들이다. 또 국립, 사립, 공립대학이 고루 섞여 있는 것도 하나의 특색이다. 특히 도쿄대학, 교토대학, 히토츠바시대학, 게이오대학과 같은 최고 명문 대학의 사장과 임원 배출 비율이 상당히 높다. 따라서 상장 기업의 경영자가 되려면 명문 대학이나 최상위 대학 출신이 유리하다는 결론이다. 이런 사실은 일본이 학력사회라는 생각의 유력한 근거가 된다.

6) 명문 대학[2] 졸업과 경영자

여기에서는 도쿄대학에 초점을 맞춘다. 과거의 자료이긴 하지만,
〈표 1-2〉와 〈표 1-3〉에 나타나 있듯이 도쿄대학이 가장 많은 경
영자를 배출하고 있다. 〈표 1-2〉는 〈표 1-1〉의 배출 비율과는 다

〈표 1-2〉 최고 경영자 배출 대학

구분	1900년	1936년	1962년
국 · 공립 대학*	%	%	%
도쿄대	1.7	27.4	28.1
교토대	–	6.4	8.9
히도츠바시대	0.2	10.6	9.4
도쿄공대	–	1.6	2.2
기타	–	0.2	5.4
사립대학			
게이오대	1.9	9.4	7.3
와세다대	–	2.8	4.7
기타	–	2.8	3.3
외국어대	0.2	2.8	1.0
전문대학			
고등상업학교**	–	4.6	10.3
고등공업학교**	–	0.2	4.7
기타	0.4	3.4	3.8
기타	95.6	27.8	10.9

* 저자가 쓴 관학(官學)을 국 · 공립대학으로 번역하였다.
** '고등상업학교'와 '고등공업학교'는 우리나라의 '고등학교'에 해당되는 것이 아니라, 전
문대학의 종류다.
출처: 靑沼吉松 『日本の経営層―その出身と性格(일본의 경영층―그 출신과 성격)』 日
本経済新聞社, 1965年

2 역주: 저자는 '브랜드 대학'이란 용어를 쓰고 있는데, 이를 '명문 대학'으로 옮겼다.

〈표 1-3〉 대학별 경영자 배출 비율

구분	경영자 점유율 (1964년) (A)			졸업생 점유율 (B)				경영자 배출율 (A/B)					
								졸업생에 대한			사기업 취업자에 대한		
	임원 (a)	부장 (b)	과장 (c)	1928년 (d)	1935년 (e)	1940년 (f)	1938년* 사기업 취직자 (g)	임원 (a/d)	부장 (b/e)	과장 (c/f)	임원 (a/g)	부장 (b/g)	과장 (c/g)
도쿄대	31.9%	26%	17.4%	8.4%	5.8%	4.8%	7.9%	3.8	4.5	3.6	4.0	3.3	2.2
히토쓰바시대	10.7	6.4	5.3	1.9	1.1	1.0	1.2	5.6	5.8	5.3	8.9	5.3	4.4
교토대	10.1	10.7	8.0	4.4	3.9	3.0	4.8	2.3	2.7	2.7	2.1	2.2	1.7
게이오대	8.3	7.3	8.8	3.4	2.4	2.5	4.1	2.4	3.0	3.5	2.0	1.8	2.1
와세다대	5.3	6.2	8.2	4.4	3.7	3.5	5.5	1.2	1.7	2.3	1.0	1.1	1.5
도쿄공대	2.5	2.7	2.1	1.8	0.8	0.7	1.0	1.4	3.4	3.0	2.5	2.7	2.1
기타 국공립대	6.1	14.6	13.4	6.8	8.9	7.7	7.9	0.9	1.6	1.7	0.8	1.8	1.7
기타 사립대	3.7	6.0	12.6	11.0	12.0	11.0	12.9	0.3	0.5	1.1	0.3	0.5	1.0
전 국립대	61.3	60.4	46.2	23.3	20.5	17.2	22.8	2.6	2.9	2.7	2.7	2.6	2.0
전 사립대	17.3	19.5	29.6	18.8	18.1	17.0	22.5	0.9	1.1	1.7	0.8	0.9	1.3
고등상업학교	11.7	9.4	11.4	7.9	5.7	5.3	16.0	1.5	1.6	2.2	0.7	0.6	0.7
고등공업학교	5.3	6.2	6.1	9.2	6.3	8.6	10.7	0.6	1.0	0.7	0.5	0.6	0.6
기타 전문대	4.4	4.5	6.7	40.8	49.4	51.9	29.0	0.1	0.1	0.1	0.2	0.2	0.2

* 『文部省年報(문부성연보)』第67年報(1939年度)

출처: 青沼吉松『日本の経営層—その出身と性格(일본의 경영층—그 출신과 성격)』日本経済新聞社, 1965年

르지만 경영자 중에서 도쿄대학 출신이 어느 정도인지를 나타낸 수
치다. 〈표 1-2〉에서 제1차 세계대전 전(1936년)과 고도성장기
(1962년)에 도쿄대학 출신이 대기업 경영자 중 약 30%를 차지하고
있었음을 알 수 있다. 다른 대학들을 단연 압도하는 수치다.

〈표 1-3〉은 경영자뿐만 아니라 부장이나 과장까지를 포함한 것
이다. 점유율은 〈표 1-2〉와 유사한 방법으로 계산하였으며, 배출
비율은 〈표 1-1〉과 같은 방법으로 계산하였다. 단지 배출 비율을
산출할 때 분모를 졸업생 전체(각각의 직책자가 많이 졸업한 연도)로
한 것과 민간 기업에 취직한 사람으로 설정하였다. 〈표 1-3〉에 나
타난 배출 비율로 평가하면 비즈니스계에서는 히도츠바시대학이 도
쿄대학보다 우세하다는 것을 알 수 있다. 그렇지만 도쿄대학도 히도
츠바시대학에 이어 2위를 차지하고 있다.

그런데 다시 〈표 1-1〉을 보면 도쿄대학 출신의 사장과 임원은
모두 4위로 떨어져 있다. 비즈니스계에서 도쿄대학이 다른 대학에
비해 순위가 높은 편이지만, 절대적인 우위를 차지하지는 못하고 과
거에 비해 많이 낮아졌음을 알 수 있다.

개별 대학에 대한 평가는 생략하고, 게이오대학과 도쿄대학만 살
펴보기로 한다. 〈표 1-1〉을 좀 더 상세히 살펴보면, 게이오대학과
교토대학의 활약이 두드러진다. 게이오대학이 우수한 이유는 전통
적으로 경제계에 진출할 인재가 많이 입학하고, 의사소통 능력을 중
시하는 교풍 때문에 비즈니스계에서 성공할 가능성이 높기 때문이
다. 특히 게이오대학은 미타카이(三田會)라는 굳건한 동창회가 매개
가 되어 채용이나 승진에 유리하게 작용한다는 점도 무시할 수 없
다. 한편 교토대학도 우수한 성적을 보이고 있다. 교토대학은 노벨

상 수상자를 많이 배출한 학문중심 대학이라는 인상이 강하면서도, 비즈니스 영역에서도 탁월한 성공을 거두고 있기도 하다.

도쿄대학이 뒤처진 이유는 다음과 같이 추측할 수 있다. 임원 승진에서 예전에는 경영 기획, 인사, 노무, 총무 등의 관리직에서 승진이 많았는데, 지금은 판매나 구매 등의 영업직에서 승진이 많아졌기 때문이다. 또 고학력을 중시하는 도쿄대학 출신은 우수한 의사소통 능력이 요구되는 영업직에서는 능력을 제대로 발휘하지 못하는 경향이 있기 때문이라고 볼 수도 있다. 그리고 기업이 관공서의 엄격한 규제를 받았던 예전에는 기업이 관공서에 압도적으로 많이 진출한 도쿄대학 출신의 눈치를 봐서 그들을 우대했을 가능성이 높았기 때문이라고 볼 수도 있다. 관공서의 영향력이 축소된 지금에 와서는 도쿄대학 출신을 우대할 이유가 그만큼 약해졌다고 볼 수 있다.

결론적으로 경제계에서 경영자가 되려면 게이오대학이나 도쿄대학과 같은 최상위 명문 대학을 나오는 것이 유리하다. 다만 이들 최상위 명문 대학 출신이 경영자를 월등히 많이 배출하고 있지만, 상장 기업에 입사한 사람 수가 이들 대학 졸업생 수보다 많다는 점에 유의해야 한다. 현재의 경영자는 20년 전쯤에 입사한 사람들로, 당시에는 '지정학교제도(指定學校制度)'가 있어[3] 상장 기업이나 대기업이 신입사원을 채용할 때 입사시험을 칠 수 있는 학교를 제한하였다. 주로 명문 대학 출신을 우선 채용하였다. 이는 이들 명문 대학 출신이 그 회사에 많이 들어갔기 때문에 경영자도 그들 중에서 많이 나올 수밖에 없었을 것이라는 뜻이다. 따라서 명문 대학 출신 간에 치열한 경쟁이 있었음을 인식할 필요가 있다. 지금은 이 '지정학교

3 역주: 지정학교제도의 원어는 지정교제도(指定校制度)다.

제도'를 노골적으로 적용하지는 않지만, 여전히 그것이 보이지 않게 영향을 미치고 있다.

7) 승진에서 유리한 명문 대학 졸업자

그렇다면 왜 명문 대학이나 최상위 대학 출신이 승진에서 유리할까? 그 이유로는 다음의 다섯 가지를 들 수 있다. 첫째, 회사 고위층에 명문 대학 출신자가 많아서 그들이 입사 때부터 '양지 바른 자리'에 배치될 확률이 높기 때문이다. 이는 '지정학교제도'와 유사한 것으로, 입사 때부터 승진에 이르기까지 유리한 위치에 있다. 둘째, 명문 대학 출신자는 공부뿐만 아니라 업무도 잘할 것이라는 가정 때문이다. 명문 대학에 입학하려면 치열한 경쟁을 뚫기 위해 노력해야 하는데, 이러한 과정을 거친 명문 대학 출신자가 승진할 확률이 높은 것은 당연하다. 셋째, 동문 선배나 후배의 영향력이 크기 때문이다. 관공서나 기업이나 비즈니스 현장에서 선배나 인맥이 두드러질수록 승진에서 유리할 것이다. 넷째, 연구 개발이나 경영 기획 등 지적 능력이 높은 사람을 중시하는 기업은 학력이 높은 사람을 그런 업무에 종사케 하고 그에 따른 성공 가능성을 기대하기 때문이다. 다섯째, 학력이 하나의 공평한 평가 지표라고 보기 때문이다. 학력을 중시한다고 해서 회사 내에서 반발을 사지는 않는다.[4]

---

4 그러나 학력은 비즈니스의 업적을 평가하는 기준은 아니다. 지금은 고학력이라도 높은 실적을 못 내면 평가를 잘 받을 수 없다. 따라서 명문 대학 출신이 유리한 곳은 성과주의가 도입된 경쟁이 치열한 기업이 아니라, 오히려 관료적 색채가 짙은 기업이 될 것이다 (역주: 이 부분이 앞뒤 맥락에 비추어 다소 어색하여 각주로 내렸다).

지금까지 명문 대학 출신자들의 유리한 점을 살펴보았다. 그러나 1990년대 자료에 따르면 상장 기업 임원 중 명문 대학 출신은 약 50% 정도이고, 나머지는 그 외의 대학 출신자였다는 점에 대해서도 유념해야 한다. 명문 대학 출신이 유리하지만, 비명문 대학 출신도 과반수를 차지한다는 점, 곧 상장 기업 임원이 되는 길은 비명문 대학 출신에게도 열려 있다는 점이다. 일본 기업에서 과장이나 임원으로 승진하는 일은 학력 경쟁에서의 승리자만의 것이 아니라는 사실을 염두에 둘 필요가 있다. 학업과 기업의 업무는 그 성격이 다르기 때문이다.

8) 고등학교 계열과 대학의 전공 과목이 취업에 주는 영향

전공은 그 사람의 직업을 결정하는 데 중요한 역할을 한다. 학력 격차의 세 번째 차원, 곧 전공에 따라 어떤 차이가 나는지에 대해 개략적인 경향을 살펴보기로 한다. 먼저 인문계 고등학교를 졸업했느냐 혹은 실업계 고등학교를 졸업했느냐에 따라 어떤 차이가 나는지를 보자. 공고를 나온 사람들은 대부분 공장이나 건설 현장의 근로자로 일하고, 농고를 나온 사람들은 농업이나 식품산업에 종사한다. 20~30년 전에 상고를 나온 여성은 사무직으로 일했지만, 이제는 사무직뿐만 아니라 판매직 등 다양한 직업에 종사한다. 인문계 고등학교를 나온 학생들도 다양한 직업을 가진다.

다음으로 대학에서의 전공에 따라 어떤 차이가 나는지를 살펴보자. 대학 전공 간의 차이는 고등학교 간의 차이보다 더 명확하다. 가장 단적인 예가 의학인데, 의학을 전공하면 95% 이상이 의사가 된다.⁵ 전공과 직업이 직결되어 있기 때문이다. 공학, 농학, 법학도 의학 정도는 아니지만 전공과 직업이 결부되어 있다. 전기기술자, 기계설계자, 바이오 기술자, 변호사, 재판관이 되는 경우를 연상해 보면 된다. 또한 판·검사, 변호사 등 사법 관계자가 되기 위해서는 예전처럼 법대를 나와 사법시험을 치는 것이 아니라 법과대학원을 나와 사법시험에 합격해야 한다. 학부를 나와 2~3년간 법과대학원에서 공부해야 하므로 사법 관계 학문과 의학은 비슷하다고 볼 수 있다. 나아가 영문학이나 수학도 전공과 직업 간 상관관계가 높은 편이다. 번역가나 영어교사, 수학교사 등이 되기 때문이다.

가장 애매한 것이 경제학, 사회학 등의 문과 출신이다. 대다수가 졸업 후 기업 취직을 목적으로 하지만 취업 분야는 영업, 인사, 경리, 총무 등 다양하며, 이동하는 사람도 많다. 바꾸어 말하면, 대학에서의 전공과 기업에서의 직종 사이에는 관련성이 낮다.

이상 전공과 직업 간의 관계를 개략적으로 살펴보았는데, 전공과 직업이 연결되는 경우와 그렇지 않은 경우가 있음을 알 수 있다. 이는 교육이 직업에 어떤 영향을 미치는지를 고려할 때 참고가 된다. 이에 대해서는 나중에 검증하기로 한다.

---

5 100%가 아닌 이유는 국가 의사고시에 불합격한 사람, 그리고 드물게는 만화가나 문예평론가가 되어 전공과는 다른 분야에서 일하는 사람도 있기 때문이다. 치과나 약학도 의학과 비슷하다. 특정한 직업을 가지기 위해서는 특정한 전공을 거쳐야만 하는 것이 그 조건이 된다(역주: 이 부분이 앞뒤 맥락에 비추어 다소 어색하여 각주로 내렸다).

2. 대학 진학의 벽

앞에서 언급한 학력격차의 세 가지 차원 중 첫 번째 차원인 졸업 학교 단계에서의 차이를 알아보자.

1) 중학교 졸업생 50%만이 고등학교에 진학 가능했던 시기

일본 사회는 교육을 민주화시켜 되도록 많은 학생이 학교에 다닐 수 있도록 하겠다는 목표를 가지고 열심히 노력해 왔다. 구체적으로 는 초·중학교 9년간의 의무교육과 남녀공학을 도입했고, 또한 적어 도 한 개의 도[6]에 하나의 국립대학을 설치하는 노력을 기울여 왔다. 원래 고등학교나 대학은 희망자만이 진학했고 고등학교와 대학 진 학이 대다수의 학생과 가정에서는 큰 결심을 해야 하는 중대사였다.

대학 진학을 논하기 전에 고등학교 진학에 관해 간단히 살펴보자. [그림 1-4]는 1955년부터 최근까지의 고등학교와 대학교의 진학률 변화를 나타낸 것이다. 1955년의 고등학교 진학률은 50%로, 중학 교 졸업생의 절반만이 고등학교에 진학할 수 있었다. 대학교 진학률 이 10% 정도였기 때문에 대다수의 청소년에게 대학은 인연이 없는 세계였다. 고등학교 진학률이 50% 전후라는 말은 절반 가까운 중학 교 졸업생이 진학을 포기하고 사회생활을 시작했다는 의미다.[7] 당시

---

6 역주: 縣, 한국의 '도'에 해당되는 행정구역.
7 당시에는 중학교 졸업자의 상당수가 도시에서 일하고 있었다. 역 대기실에 모여 도시로 출발하는 기차에 몸을 싣는 청소년들의 모습이 영상 기록에 지금도 남아 있다. 중학교를

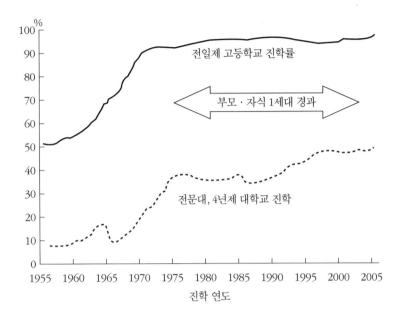

[그림 1-4] 고등학교와 대학교 진학률의 변화

출처: 文部科學省〈學校基本調査(학교기본조사)〉; 吉川徹『学歴分断社会(학력 분단사
회)』ちくま新書, 2009年

진학을 포기한 우수한 중학교 졸업생들이 많았다는 사실을 많은 사
람이 기억하고 있다. 고등학교 진학을 포기한 이유는 두 가지였다.
하나는 빨리 취직해서 어려운 집안 형편을 돕기 위해서였고, 다른
하나는 학비를 낼 수 없었기 때문이다. 즉, 부모의 경제력이 고등학
교 진학을 포기하게 했다.

실력은 있는데 가정 형편 때문에 중·고등학교 진학을 포기해야
하는 학생의 비율이 1945년 전후에는 약 60%에 달했다. 그 당시는

나온 청소년들은 '황금알을 낳는 거위'로 사회에서 소중히 여겼다(역주: 이 부분이 앞뒤
맥락에 비추어 다소 어색하여 각주로 내렸다).

가난한 사람이 많았던 때라 많은 가정의 청소년들이 의무교육만을 받고 학업을 그만두어야 했다. 그래서 많은 청소년이 상급학교로 진학하지 못하고 눈물을 머금어야 했다. 이런 상황은 지금의 교육양극화와는 크게 차이가 난다.

지금도 경제적인 이유로 대학 진학을 포기하는 학생이 꽤 있지만, 고등학교 진학을 포기하는 학생은 드물다. 오히려 대학 진학을 할 것인가 말 것인가, 그리고 어느 대학에 진학할 것인가가 가정 형편에 따라 좌우된다. 1950년대에는 고등학교에 진학할 것인가를 둘러싸고 교육양극화 혹은 불평등이 크게 인식되고 있었다. 이때는 의무교육인 중학교조차 주간에 다니지 못하고 낮에 일해서 학비와 생활비를 벌고 야간에 다니는 학생도 있었다. 당시 전국적으로 야간 중학교는 100개교에 5,000명 정도가 통학하고 있었다. 당연한 일이지만 고등학교조차 정시제 고등학교라 불리는 야간 고등학교가 상당히 많았다. 졸업하려면 4년간을 다녀야 했다. 지금도 정시제 고등학교가 있지만 그 수는 현저히 줄어들었다.

2) 실업계 고등학교 진학자가 많았던 시기

이런 상황에서 당시 고등학교 교육의 특징은 실업계열 재학생이 많았다는 것이다. [그림 1-5]는 1955년부터 2008년까지 인문계 고등학교와 실업계 고등학교 재학생 비율을 나타낸 것이다.[8] 1955년

---

8 역주: 인문고는 '普通科', 실업고는 '職業科(専門高校)', 종합고는 '總合學科', 기타 전문고는 '기타 專門學科'를 번역한 것이다.

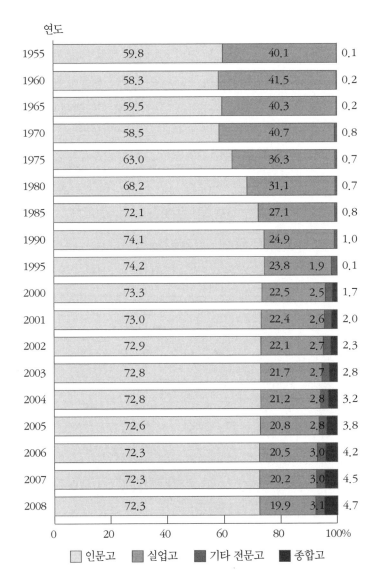

연도

연도	인문고	실업고	기타 전문고	종합고
1955	59.8	40.1		0.1
1960	58.3	41.5		0.2
1965	59.5	40.3		0.2
1970	58.5	40.7		0.8
1975	63.0	36.3		0.7
1980	68.2	31.1		0.7
1985	72.1	27.1		0.8
1990	74.1	24.9		1.0
1995	74.2	23.8	1.9	0.1
2000	73.3	22.5	2.5	1.7
2001	73.0	22.4	2.6	2.0
2002	72.9	22.1	2.7	2.3
2003	72.8	21.7	2.7	2.8
2004	72.8	21.2	2.8	3.2
2005	72.6	20.8	2.8	3.8
2006	72.3	20.5	3.0	4.2
2007	72.3	20.2	3.0	4.5
2008	72.3	19.9	3.1	4.7

0   20   40   60   80   100%

☐ 인문고 ▨ 실업고 ■ 기타 전문고 ■ 종합고

[그림 1-5] 인문계와 실업계 고등학교 학생 수 구성 비율 변화

주: '종합고'는 1994년부터 도입. '기타 전문고'로는 이수(理數), 체육, 음악, 미술, 외국
어, 국제관계가 있다.

출처: 文部科学省〈今後の学校におけるキャリア教育・職業教育の在り方について(향후
학교에서의 경력교육・직업교육 양상에 대하여)〉報告書, 2009年

인문계 고등학교가 59.8%였는데 상업, 공업, 농수산업, 가정 등의 실업계 고등학교는 40.1%였다. 거의 3 대 2의 비율이다. 이런 상황은 1970년대까지 계속되었으며, 그 후 인문계의 비율이 서서히 높아지고 실업계는 감소해 가는 경향을 보인다. 현재는 실업계가 20%대까지 줄어들었다.

인문계 고등학교에서는 국어, 수학, 영어, 이과, 사회 등 학문적인 과목을 배운다. 인문계는 진학을 목표로 하는 학생과 취직하려는 학생이 섞여 있다. 한편 실업계는 취직에 필요한 기능을 습득하는 것이 주목적이다. 일부 대학 진학자를 제외하고 대다수는 일자리를 찾아 취직했다. 진학률이 높지 않았던 옛날에는 이들 실업계 고등학교나 직업 고등학교 학생들이 수준도 높았고 교육방법도 우수했기 때문에 사회에서 유능한 일꾼으로 존중을 받았다.

과거에 실업계를 많이 선택한 이유는 당시에는 대학교 진학률이 상당히 낮았고 대다수의 고등학교 학생이 졸업 후 취직을 했기 때문이다. 국어, 수학, 영어 등의 과목을 배우기보다 상업, 기계, 전기, 농업 등 업무에 도움이 되는 지식과 기능을 배우는 것이 취직에 유리했다. 또한 사회에서도 그런 학생들을 우대하던 시대였다. 인문계를 나와 취직하면 주로 사무보조를 하였다. 따라서 실업계를 나온 학생과 비교하면 직업인으로서의 능력은 오히려 저평가되고 있었다.

3) 대학교 진학률이 20%였던 시기

1955년까지 대학교 진학률은 10%에 불과했다. 즉, 10명 중 1명만이 전문대나 대학교에 들어갔으며, 그들은 고등교육을 받는 소수의 엘리트였다. 1965년대 들어 진학률이 크게 올랐지만 여전히 20%를 넘지 않고, 사회적 분위기 또한 그들을 엘리트로 대우했다.

대학교 진학을 결정하는 요인은 크게 다섯 가지다. 첫째는 본인의 능력, 둘째는 본인의 의욕과 노력, 셋째는 대학 등록금, 넷째는 원하는 대학교나 학과가 인근에 있느냐 여부, 다섯째는 졸업 후 취업 전망이 어떠냐 하는 것과 관련된다. 첫째와 둘째 요인은 대학 입시를 통과해야 함을 의미하는데, 당시에는 대학 수가 한정되어 있었기 때문에 입학이 상당히 어려웠다. 이는 개인의 자질에 관한 것이어서 여기서는 논의를 줄인다. 세 번째 요인은 대학 등록금과 관련된다. 과거에는 국·공립 대학의 등록금이 쌌지만 취직을 해서 부모님을 도와드리기 위해 대학 진학을 포기하는 경우도 많았다. 과거 고도성장기에 막 접어들던 시기였지만, 가계 소득은 여전히 낮은 수준에 머물고 있었기 때문이다. 넷째의 인근에 원하는 대학교가 있느냐 없느냐에 관련되는 요인은 특히 지방 출신 학생들에게 그 영향력이 컸다. 지방 출신 학생이 원하는 대학교나 학과가 인근에 없으면 유학을 해야 하는데, 이 경우 등록금 이외의 경제적 부담이 커지기 때문이다. 따라서 이것이 대학교 진학을 결정할 때 제약 요인이 되었다. 다섯째의 요인은 졸업 후 취업 전망과 관련된다. 대학 졸업자 수가 비교적 적었던 과거에는 대학 졸업자가 엘리트 대우를 받았기 때문에 되도록 대학교 진학을 원하는 것이 지극히 자연스러운 태도였다. 그렇지만 첫째부터 넷째까지의 이유로 상당수의 학생은 진학을 포기해야만 했다.

또 하나 중요한 것은 전문대와 대학교 진학률이 10~20%대였던 1960년대 무렵까지 대학교에 진학한 여성은 남성에 비해 훨씬 더 적었다는 점이다. 4년제 대학교에 진학하는 여성은 상당히 적었으며 진학한다 해도 전문대 정도가 일반적이었다. 성차별이 존재했던 시대였다. 대학교 진학률이 20%대였다는 사실 자체만으로도 이미 교육양극화를 느끼게 한다. 당시는 대다수의 일본 국민이 여전히 빈곤을 탈출하지 못했고 많은 젊은이, 특히 남성보다는 여성이 대학교 진학을 포기해야 하는 기회 불평등의 시대였다.

4) 대학교 진학률 50%의 시기

1950년대 후반부터 일본 경제가 고도성장기에 접어들었지만, 1970년대 초 오일 쇼크로 그 성장이 멈췄다. 이 기간 동안의 경제성장률은 연평균 10%에 이르렀고 국민소득도 매년 올라갔다. 가계 소득이 증가하면 경제적 이유로 진학을 포기했던 고등학생들도 대학교에 진학하려 하게 된다. 국가 차원에서도 높은 경제성장에 따른 생산성이 높은 유능한 노동인력과 기술자를 많이 필요로 했고, 이에 따라 대학교를 증설하였다. 나라가 부유해짐에 따라 대학교 진학 희망자들이 늘어나면서 고등교육기관 증설이 가능해졌다.

앞의 [그림 1-4]가 보여 주듯이, 전문대와 4년제 대학교 진학률이 1960년대부터 1970년대까지 15년간 10~40%로 급격하게 상승했다. 이렇게 급상승한 대학교 진학률은 다른 국가에서는 볼 수 없는 일이다. 고도 경제성장의 효과로 고등교육을 받는 학생 수가 급증하였다. 이러한 급격한 진학률 상승의 이면(裏面)에는 가계에 엄청난 부담을 가지면서도 대학교에 보내는 경우도 있었다. 학생들이 가난한 형편에 아르바이트를 하면서 학비를 벌어 충당한 경우도 적지 않았다.

그런데 이러한 대학교 진학률의 상승은 1975년을 전후해서 멈춘다. 이후 1990년대 초반까지 완만한 감소 추세를 보이면서 제자리걸음을 유지한다. 그 이유는 다음 세 가지로 설명할 수 있다. 첫째는 고도성장이 끝나 가계 소득이 더 이상 늘지 않았기 때문이다. 둘째는 40%가 넘는 대학교 진학률이 사회적으로 과연 의미가 있느냐 하는 반성에 따라 대학 증설에 제동이 걸렸기 때문이다. 셋째는 대학교교육을 받고자 하는 학생 수가 그렇게 증가하지는 않았기 때문이다.

그러다 1995년 무렵부터 대학교 진학률이 다시 올라가기 시작해 현재는 50%를 조금 넘는다. 이것은 주로 여성들의 전문대 및 4년제 대학교 진학률이 상승했기 때문이다. 가계 소득 수준이 높아지면서 여성들도 고등교육을 받을 수 있게 되었으며, 여성들의 취업 의식이 높아져서 고등교육을 받고자 하는 욕구가 높아졌기 때문이다. 고등학교 졸업생의 절반 이상이 전문대나 4년제 대학교에 진학하는 나라는 전 세계에서 그렇게 많지 않다. 미국과 일본 정도가 고작일 것이다. 이렇게 대학교 진학률이 50%를 넘어 버린 현상을 '대중교육사회' 또는 '학력분단사회'라 부른다. '학력분단사회'란 지금까지처럼 대학 졸업자가 소수가 아니라 고학력자와 저학력자가 절반씩 나누어진 사회라는 뜻이며, 그래서 대학교 졸업자냐 아니냐의 경계선에서 다양한 차이가 생기고 있다는 것을 뜻하는 개념이다.

5) 학력양극화의 심화

고등학교 졸업생의 절반 이상이 고등교육을 받게 되자 대학 간 양극화가 점점 커지는 부작용이 생겼다. 분명 명문 대학 또는 최상위 대학은 어느 때나 있었고 그런 대학에 합격하기는 어려웠다. 그런데 대학교 진학률이 급상승하면서 대학 수가 늘어나자, 능력이 부족한 학생도 입학할 수 있는 대학교가 늘어나기 시작하였다. 10~20% 정도만 대학교에 진학하던 시기에는 학생들의 학력이 비교적 높았으나, 30~40%의 학생이 대학교에 들어가는 현재는 대학생 간의 학력 차이는 당연히 커지기 마련이다. 40~50년 전의 대학 간 양극화보다도 '대중교육사회' 또는 '학력분단사회'인 현재의 대학 간 양극화가 더 심해졌다. 이는 학력뿐만 아니라 명문 정도에서도 그 격차가 엄청나게 커진 것이다.

옛날 대학생과 대학교 졸업자는 엘리트로 대우받았다. 그러나 50%를 넘는 대학교 진학률 시대에는 모든 대학생을 엘리트로 대우할 수 없게 되었다. 결국 상위권 대학과 하위권 대학의 양극화가 이전보다 더 벌어져, 상위권 대학교 출신자의 가치가 높아지고 하위권 대학교 출신자는 엘리트로 대우받지 못하게 되었다. 이렇게 되자 많은 고등학교 학생이 최고 또는 최고에 가까운 대학교를 원하게 되었고, 이에 따라 입시 경쟁률은 더 치열해지고 과열 현상을 보이게 된다. 또 명문 대학이 아니라 해도 가능한 한 상위권 대학을 목표로 하기 때문에 입시 경쟁은 더 치열해진다. 이 때문에 학생들은 고등학교 입시뿐만 아니라 중학교 입시에까지 시달리게 되었다. 일본은 입시 체제가 사회 체제로까지 확대되는 사회라 할 수 있다.

3. 학력격차(學歷格差)의 3극화

1) 대학교 진학률의 허구

2005년 무렵부터 전문대와 4년제 대학교 진학률이 50%를 넘었다. 앞으로도 이 수준을 넘지는 않을 것으로 예상되는데, 그 이유는 다음의 네 가지로 볼 수 있다. 첫째는 많은 국민이 대학교육의 필요성에 의문을 제기하기 시작했기 때문이다. 예전처럼 대학생의 수가 적고 엘리트로 대우받던 시절에는 많은 젊은이가 대학교에 진학하려고 했고, 그 결과 1970년대 들어 대학교 진학률이 급상승하였다. 그러나 같은 연령층의 절반이 대학교를 졸업하게 되고 엘리트로 대우받지도 못하게 되면서 대학교 진학을 원하는 수는 늘어나지 않고 있다. 둘째는 불황의 여파로 대학교 졸업자의 취직이 힘들어졌기 때문이다. 대학교를 졸업해도 일자리를 얻지 못한다면 차라리 전문대에 들어가 기술을 배우는 것이 합리적이라고 생각하는 학생이 증가할 것이다.[9] 이 두 가지 요인이 대학교 진학률을 정체시킨 주원인이라고 생각된다. 그렇지만 다음 세 번째와 네 번째의 이유도 무시할 수 없다. 셋째는 대학교의 경영 문제 때문이다. 자녀 수가 줄어들면서 18세 이하의 인구가 줄었고 몇 년 뒤에는 고등학교 졸업자 모두

---

[9] 그러나 고등학교 졸업자 취업도 어려운 상황에서 그들이 취업 유예(moratorium)를 선언하고 일시적으로 전문대나 4년제 대학교에 진학하게 되면 대학교 진학률이 올라갈 수도 있다. 덧붙여 2010년 봄에 졸업한 고등학교 학생의 취업 예정 비율이 전년 대비 1.7포인트 하락한 93.9%로 낮아졌는데 그 일부가 대학교에 진학했다고도 생각할 수 있다(역주: 이 부분이 문맥상 어색하여 각주로 내렸다).

가 대학교에 입학할 수 있는 시대가 다가오고 있다. 입학자 수가 줄면 대학교 경영난이 심해져 도산하는 대학교가 생기거나 대학 간 합병이 일어나는 경우도 생길 것이다. 학생 수가 줄고 대학교 수도 줄어들면 대학생 수도 줄어들 것이고, 이에 따라 대학교 진학률도 낮아질 것이다. 넷째는 고등학교 졸업생 절반 이상이 대학교에 진학하게 되면서 고등교육을 받을 인구도 이미 한계에 도달했기 때문에 대학교 진학률은 제자리걸음을 할 것이다. 수준이 낮은 대학교에는 의욕이나 수학 능력이 없는 학생들이 재학하고 있다는 것은 잘 알려진 사실이다. 대학생 수를 늘리는 것이 인적자원의 배분 면에서도 더 이상 바람직하지는 않을 것이다.

미국의 예를 들어 보자. 세계에서 가장 먼저 고학력사회에 도달한 나라가 미국이다. 지금 미국의 대학교 진학률은 50%대에 머무르고 있고, 이후에도 크게 늘어날 것 같지는 않다. 미국에서는 대학교육을 받을 능력이 있는 계층이 눈에 띄게 줄어들기 시작한 것 같다. 전문대를 포함한 대학교 진학률이 50%를 넘은 것은 이미 40년 전인 1965년이었다. 그 뒤 서서히 상승해서 1990년에 60%를 넘었지만, 실은 25년에 걸쳐 겨우 10% 증가한 것이다. 따라서 대학교 진학률은 일정 수준에 도달하면 둔화한다고 생각할 수 있다.

일본에서도 마찬가지 현상이 나타날 것이다. 어느 나라건 대학 교육을 받을 능력이 있는 사람의 비율에는 한계가 있을 것이다. 그러나 이러한 예상을 깨는 일이 발생할지도 모른다. 이에 관해 살펴보기로 하자.

첫째, 일부 전문학교를 대학으로 개칭하도록 허락하는 경우가 생길 수도 있다. 대학교 진학률이 상승하지 않는다고 해서 그들이 대

3. 학력격차의 3극화 45

학교에 진학하지 않고 모두 취직했다고 볼 수는 없다. 전문학교처럼 기능을 가르치는 학교에 진학하는 사람도 많지만, 이들 학교에 진학하는 경우는 대학교 진학률 산출에 포함되지 않기 때문에 가령 전문학교에 진학하는 사람의 수가 늘어나도 현 제도하에서의 대학교 진학률은 거의 일정한 비율로 나타날 것이다.

그러나 최근에는 새로운 움직임도 나타나고 있다. 이들 전문학교처럼 직업학교의 가치를 높여서 학생들이 자긍심을 가지고 공부할 수 있도록 교육계에서 대책을 검토 중이다. 전문학교의 직업교육을 더욱 내실화하고 대학 명칭을 사용하도록 하는 방안이다. 지금까지는 대학이 학문이나 연구의 중심이었지만, 직업교육의 중요성을 인정하여 이들 직업학교를 대학교육의 하나로 삼겠다는 것이다. 지금 당장 도입될 방안은 아니지만, 이는 대학이 무엇인가 또는 어디까지 대학의 범주로 봐야 할 것인가와 관련해서 이를 확대하는 정책이라 할 수 있다. 만약 그렇게 된다면 대학에 대한 지금까지의 정의는 달라질 것이고 대학교 진학률도 상승할지 모른다.

둘째, 국민이나 교육계가 대학교육의 질이 저하되었다는 것을 인정하고, 수학 능력이 부족한 학생이 대학에 진학하는 것을 인정해 버리는 시대가 될 가능성도 있다. 이렇게 되면 대학 대중화 경향은 더욱 확장될 것이다. 그리하여 앞에서 말했듯이 대학 간 양극화가 지금보다 더 심해질 것이다.

2) 학력격차의 3극화

지금까지는 대학교 진학률의 분기점에 관한 이야기를 해 왔다. 학

력양극화 또는 교육양극화는 고등학교 졸업자와 대학교 졸업자 간
의 양극화를 말한 것이었다. 예전에는 대학교 졸업자냐 아니냐 사이
에 큰 벽이 있었기 때문에 많은 사람이 이 벽을 넘기 위해 허덕이고
있었다. 그러나 50% 이상이 대학교 졸업을 목표로 하고 있는 지금
은 고등학교 졸업자냐, 대학교 졸업자냐가 아니라 다른 새로운 벽이
생기기 시작했다. 다음에서는 이에 대해 논의해 보기로 하자.

3극화는 한마디로 고등학교 졸업자와 대학교 졸업자 사이의 양
극화에 하나가 더 추가된 것이다. 3극화는 명문 대학이나 최상위
대학을 졸업했느냐, 보통의 대학이나 전문대를 졸업했느냐, 고등
학교만 졸업했느냐의 세 가지 학력으로 분화되는 현상이다. 여성의
학력 3극화와는 다소 다르지만, 남성의 학력도 3극화할 것이라는
것이 나의 주장이다. 최근의 경향을 보면 첫째에 대학원 학력을 포
함해도 되고, 둘째에 소수이기는 하지만 남성의 전문대 졸업자를
넣어도 된다.

여성의 학력 3극화를 설명하는 한 가지 요인은 기업, 특히 대기업
이 관리직과 일반직으로 구별해서 여성을 채용하고 있으며, 업무의
종류, 대우, 승진에 차이가 있다는 것이다. 그 구별 기준의 하나가
대학교의 인지도다. 국립대학 출신에 관리직이 많으며, 사립대학 출
신과 전문대 졸업자에 일반직이 많다는 점도 덧붙일 수 있다. 이 구
별이 여성에게만 보이는 특이 사항이므로 여성의 양극화에는 대학
교 졸업 여성 간의 양극화가 있다고 보며, 고등학교 졸업자까지 포
함하면 3극화가 된다는 결론이다.

남성의 학력 3극화 현상의 근거는 다음과 같다. 기업이 대졸 신입
사원을 채용할 때 '지정학교제도'가 있었던 시절에는 대학의 인지

도에 따라 채용 기준이 달랐다. 그러나 소니(Sony) 회장이었던 모리타 아키오(盛田昭夫)가 학력 무용론을 주장하며 학교 이름만으로 채용이나 승진에 차별을 둬서는 안 된다는 분위기가 강해지면서 '지정학교제도'가 사라졌다. 그러나 실제의 관행에서는 대학교 인지도에 따른 채용 양극화가 여전히 존재하고 있어, 남자에게도 대학 간 양극화가 있다고 봐도 좋을 것이다. 남자의 경우는 대부분 관리직이므로 여자처럼 관리직과 일반직이라는 신분상의 양극화가 아니라 대학 인지도에 따른 채용 여부의 차이가 중요하다.

또한 앞에서 보았듯이 승진에서도 명문 대학과 비명문 대학의 차이는 존재하고 있다. 또 하나 중요한 것은 대학 정원이 증가하고 18세 이상의 인구가 감소한 결과, 입학하기 힘든 대학교나 학부, 추천입시나 AO 입시[10]로 입학하기 쉬운 대학교나 학부, 혹은 정원 미달로 인해 무시험으로 입학 가능한 대학교나 학부가 존재하게 되는 양극화다. 명문 대학은 전통도 있고 졸업생의 직업에 있어서도 성공한 경우가 많다. 그래서 명문 대학에 입학하기 위해서는 대학입시를 헤쳐 나가야 하며, 초·중학교 단계부터 입시 준비를 해야 한다. 이러한 입시 경쟁의 심화로 저연령층부터 학력이 편중되는 등 많은 폐해가 생겨나고 있다. 또한 당사자만이 아니라 가정의 경제력과 노력도 문제가 되므로 이런 것들이 모두 학력양극화의 원천이 되기도 한다.

한편 입학하기 쉬운 대학교에서는 강의를 따라가지 못하는 수학 능력 부족의 문제와 졸업 후 직업생활을 할 때 소득과 승진에서 힘

---

10 역주: AO(admission office) 입시는 입학자 선발 방법의 하나로, 선발 위원회 등이 서류, 면접, 논문 등 종합적인 평가로 선발한다. 주로 한 가지 재능이 뛰어난 사람을 우선 입학시키는 방법으로 활용된다.

든 상황에 처하게 되는 경우도 있다. 그러나 이러한 대학교 졸업자 간의 양극화보다 심각한 문제는 3극화 현상의 맨 아래에 위치한 고등학교 졸업자에 있다. 그들은 대부분 저소득층이거나 비정규직 근로자이므로 힘든 환경에 처하게 되는 경우가 적지 않다. 그러나 고등학교 졸업자가 모두 그런 환경에 처한다고 판단하는 것은 성급한 결론이다. 고등학교 졸업자여도 정규직에 취업해서 충분한 수입을 가지는 사람도 많다.

3) 학력격차의 분기점

학력은 양극화보다는 3극화되고 있다고 보는 것이 나의 주장인데, 그 의미를 간단히 정리해 보자. 크게 보아 고등학교를 졸업하고 그만두느냐 혹은 대학교에 진학하느냐 하는 선택이 있으며, 이것을 1단계의 선택이라 하자. 그러면 2단계는 무엇일까? 그것은 대학 간에 존재하는 차이 중에서 전문대나 보통 대학, 아니면 명문 대학이나 인지도가 높은 대학에 진학하느냐 하는 분기점이다.[11] 덧붙여 지금은 대학원에 진학하는 것 또한 하나의 분기점이 되고 있다.

---

11 여기서 선택이라는 말을 사용하지 않은 이유는 명문 대학이나 인지도 높은 대학을 목표로 공부해서 입학할 수 있는 사람도 있지만, 실패해서 전문대나 보통 대학에 진학하는 사람도 있기 때문이다. 이것은 의도적 또는 비의도적 요인이 모두 작용하기 때문에 선택이라는 말을 피했다(역주: 이 부분은 문맥상 어색해 각주로 내렸다).

제 2 장

가정환경의 영향력을
어떻게 볼 것인가

앞 장에서 학력사회 일본의 실상을 실증적 자료를 통해 검증해 보였는데, 그 결과 일본은 학력격차가 확대되어 3극화되어 가고 있다는 것을 알 수 있었다. 그러면 한 사람이 태어나 취득하게 되는 학력 또는 받는 교육의 수준을 결정하는 요소는 무엇일까?

결론부터 말하면, 태어나서 자라난 가정환경의 영향력이 학력(學歷)을 결정하는 요인으로 작용하는 비중이 점점 더 높아지고 있다는 것이다. 이 장에서는 학생의 학력을 결정하는 요인을 살펴보기 위해 부모의 계층과 자녀의 학력의 관계, 문화자본과 학력자본의 영향력, 고등학교와 대학교에 진학하게 되는 요인의 변화 등 교육양극화가 생기는 요인에 대해서 가정환경의 영향력을 중심으로 검증할 것이다.

1. 부모의 계층과 자녀의 학력 간의 관계

앞 장에서 학력격차가 3극화되고 있고, 이는 어떤 대학에 진학하느냐 하는 것과 가장 관련이 깊다고 했다. 고등학교 졸업생의 절반이상이 대학교에 진학하는 시대인 지금, 대학교 진학을 결정하는 데 관련되는 요인으로 가정환경은 어느 정도의 영향력이 있을까? 부모의 소득, 학력, 교육에 대한 열성 등과 같은 요소들의 영향력을 종합적으로 평가해 보기로 한다.

1) 가계 소득이 대학 진학에 주는 영향

국립대학의 등록금은 학교에 따라 약간의 차이는 있지만 대략 연간 54만 엔 정도다. 사립대학의 등록금은 학교나 학부에 따라 크게 다르지만 평균적으로 문과대학은 70만 엔, 의과와 치과 대학은 300만 엔 정도다. 등록금 외에 도서비와 생활비가 더 들고, 유학하게 되면 주거비와 식비 등 상당한 비용이 더 들게 된다. 이렇게 많은 비용이 들므로 자녀를 대학에 보내는 일은 가계에 큰 부담이 아닐 수 없다.

가계 소득의 차이는 당연히 자녀의 대학교 진학에 큰 영향을 미칠 것이다. 이를 최근 자료를 통해 확인해 보자. [그림 2-1]은 전국 고등학교 3학년 4,000명을 대상으로 가계 소득과 진학 및 취업의 관계를 나타낸 것이다.

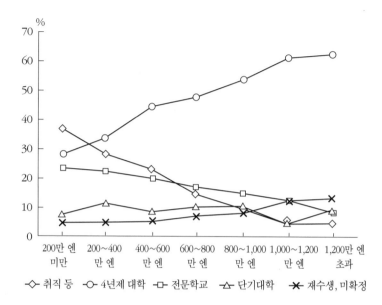

[그림 2-1] 부모의 연간 수입과 고등학교 졸업 후의 진로

주: 일본 전국의 무선표본 고등학교 3학년 4,000명과 그 보호자 4,000명 대상. 부모의 연간
    수입은 중앙치를 할당함(예: 500~700만 엔 미만이면 600만 엔). 취직 등은 취직, 진학,
    아르바이트, 해외 대학, 학교, 가사 돕기, 주부, 기타를 포함.
출처: 東京大學大學院研究科大學經營 · 政策研究センター "高校生の進路と親の年收の關
    連について(고등학교 학생의 진로와 부모의 연간 수입 관련에 대해서)" 2009年 7月

도쿄대학 대학원 연구과 대학경영 정책연구센터가 동일인을 3년
간 추적한 자료이므로 진학한 곳이나 취업한 곳의 정보는 정확하다.
[그림 2-1]을 보면 가계 소득이 4년제 대학교 진학률에 크게 영향을
미치고 있음을 알 수 있다. 연간 수입이 200만 엔 미만인 가정의 4년
제 대학교 진학률은 28.2%, 600~800만 엔 미만인 가정은 49.4%,
800~1,000만 엔 미만인 가정은 54.8%, 1,200만 엔 이상인 가정은
62.8%이었다. 현재 가계 소득 평균이 500~700만 엔 정도이고 대
학교 진학률이 50% 정도이므로, 이 수치는 실제 진학률과 거의 일

치한다.

이 그림에는 없지만 국·공립 대학교 진학률에서는 연간 가계 소득에 따른 차이가 10~20%에 불과하였다. 사립대학에서는 200만 엔 미만은 17.6%, 600~800만 엔 미만은 36.8%, 1,200만 엔 이상은 50.5%로 연간 가계 소득 차이에 따른 격차가 국·공립 대학교에서의 격차보다 더 크다. 요약하면, 부모의 경제력이 자녀의 대학교 진학 결정에 큰 영향을 미치고 있으며 국·공립 대학교 진학이나 사립대학교 진학에 다 같이 영향을 미치고 있다.

[그림 2-1]에서 4년제 대학교가 아닌 전문학교, 취업, 재수생[1]과 미확정 등에 해당되는 사람들을 놓고 볼 때, 전문학교 진학자와 취업자 간의 차이가 크다는 것을 눈여겨볼 필요가 있다. 부모의 연간 수입이 많으면 취업하는 학생의 수가 적어진다. 연간 수입 200만 엔 미만은 35.9%가 취업을 하는 데 비해 1,200만 엔을 초과하면 5.4%로 상당히 적어진다. 졸업하면 취업하게 되는 전문학교의 경우에도 고등학교 졸업 후 바로 취업하는 사람과 같은 패턴이다. 다만 전문학교의 경우는 연간 가계 소득이 늘어남에 따라 진학률이 낮아지는 정도가 취업률이 낮아지는 폭보다는 완만하다.

2) 가계 소득의 영향력에서의 변화

[그림 2-1]은 최근 고등학교를 졸업한 사람들의 진로 상황에 관한 것이다. 그렇다면 현재 30대부터 60대가 18세였을 때의 가계 소

---

1 역주: 일본에서는 재수생을 '수험낭인(受験浪人)'이라 한다.

득과 그들의 대학교 진학률의 관계는 어떠할까? 사실 이를 증명하기
는 쉽지 않다. 왜냐하면 그들이 18세 때 그 부모의 소득을 알 수 없
기 때문이다. 예를 들면, 1970년생으로 2010년 현재 40세인 사람이
18세 때는 1988년인데 1988년 시점에서 그 사람의 부모 소득에 관
한 자료는 없다.

따라서 현실적으로 알 수 없는 부모의 소득을 IV법[2]이라 불리는
방법을 통해 간접적으로 추정하였다.[3] 1947년생부터 1975년생까지
15세 때의 부모의 소득을 IV법으로 추정해서 부모의 소득이 이들 자
녀의 교육 기간(교육 성취)에 어떻게 영향을 미쳤는지를 조사하였다.
그 결과를 나타낸 것이 [그림 2-2]다. 여기서의 표준화 계수란 부모
의 소득이 자녀의 교육 기간 결정에 어느 정도 영향을 미치는지를
계산한 것이다. 이 표준화 계수가 크면 부모의 소득이 많을수록 자
녀의 교육 기간이 더 길어지는 경향이 있음을 뜻하고, 반대로 이 표
준화 계수가 작으면 부모의 소득이 자녀의 교육 기간 결정에 미치는
영향력이 작음을 뜻한다.

1947년생부터 1975년생 남성의 경우는 어릴수록 표준화 계수가
낮아지는 경향을 보인다. 그들 중 나이가 많아질수록 부모의 소득이
낮으면 대학교 진학도 불가능하였지만, 젊어질수록 부모의 소득이
대학교 진학 결정에 주는 영향력은 작아지고 있다. 바꾸어 말하면,
부모의 소득이 자녀의 대학교 진학에 주는 영향력이 시간이 흐르면

---

2 역주: 역자의 현재 능력으로는 IV법을 설명할 수 없어 그대로 옮긴다.
3 近藤博之 "高度成長期以降の大学教育機会―家庭の経済状態からみた趨勢(고도성장기
이후의 대학교육 기회―가정의 경제 상태로 본 추세)" 『大阪大学教育学年報』 vol. 6,
2001年; 尾嶋史章 「父所得と教育達成(아버지의 소득과 교육성취)」 米澤彰純編 『教育達
成の構造(교육성취의 구조)』 2005年 SSM 調査研究会, 2008年

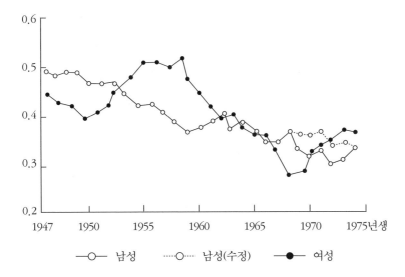

[그림 2-2] **아버지의 소득과 자녀의 교육기간(표준화 계수)**

출처: 尾嶋史章 "父所得と教育達成(아버지의 소득과 교육성취)" 米澤彰純編 『教育達成の
構造(교육성취의 구조)』 2005年 SSM 調査研究会, 2008年

서 차츰 약해졌다는 뜻이다. 남성의 경우 수십 년 전까지는 부모의
소득이 아들의 대학교 진학을 위한 절대적인 조건이었으나, 길게 볼
때 그 영향력은 약해지고 있다.[4]

　여성의 경우는 다르다. 부모의 경제력이 딸의 대학교 진학에 영향
을 주는 정도는 시기에 따라 상당한 차이가 있다. 1950년생부터
1958년생 여성의 경우, 표준화 계수가 0.1포인트 상승하고 있으므
로 부모의 소득이 높아야 대학교에 진학할 수 있었음을 알 수 있다.
그러나 연령이 젊어지면서 1958년생부터 1970년생 여성의 경우 약
10년간 0.2포인트 정도 낮아졌으므로 아버지의 소득이 딸의 대학교

---

4 역주: 이 문장은 다음 문단에 나오지만 문맥상 이곳으로 옮겼다.

진학에 주는 영향력은 꽤 줄어들었음을 알 수 있다. 이 기간에 여성은 부모 소득의 영향을 받지 않고 대학교 진학이 쉬워졌음을 뜻한다. 그렇지만 1970년생 여성은 부모 소득의 영향을 다시 강하게 받고 있다.

그러나 [그림 2-1]에서 보았듯이 저소득 가정의 자녀에게는 아직도 대학교 진학의 문이 열려 있다고 말할 수 없기 때문에 가계 소득의 효과가 없어졌다고 말할 수는 없다. 오히려 경제 불황 등으로 최근 수년간 가계 소득의 영향이 강해지고 있다고 할 수 있다. 대학교 진학을 바라는 저소득층 자녀를 위한 대책 마련이 중요한 과제로 남는다.

3) 부모의 계층(학력과 직업)의 영향

사회학자와 교육학자는 부모의 학력과 직업이 자녀의 학력과 직업에 어떤 영향을 주고 있는지를 상세히 조사해 왔다. 오래된 연구로는 야스다 사부로(安田三郎)의 『사회이동의 연구(社会移動の研究)』(1971)가 있다. 이 연구에서는 부모의 직업이 자녀의 직업에 어떤 영향을 주는지를 분석하였다. 이것을 사회이동이라 부르는데, 일본에서의 사회이동이 개방적인지 혹은 폐쇄적인지를 검증한 것이다.

제2차 세계대전 전의 일본에서는 장남이 부모의 직업을 계승하는 것이 일반적이었으므로 사회이동은 폐쇄적이었다. 그러나 전후 고도성장기 무렵부터 아들의 교육 수준이 아버지의 교육 수준보다 높을 때 아들의 직업 위신이 아버지의 직업 위신보다 높아지는 경우도 있었다. 사회학에서 다양한 직업을 그 명예나 특권 등에 따라 따져 보는 개념이 직업 위신인데, 대개는 그 선호도에 따라 순위를 매긴다. 알기 쉽게 말하면, 아버지가 농업이나 소매업을 하고 있어도 아들이 대학을 졸업하면 대기업의 관리직이 될 수 있는데, 이는 자녀가 더 많은 교육을 받게 되면 아버지의 직업보다 높은 직업위신으로 사회이동이 개방되어 있음을 의미한다.

그런데 사토 토시키(佐藤俊樹)는 『불평등 사회 일본—안녕! 모든 중류층이여(不平等社会日本—さよなら総中流)』(2000)에서 일본의 사회이동이 폐쇄적이 되었다고 지적하며, 아들의 직업이 아버지의 직업 수준에 머무는 정도가 다시 높아졌다고 주장하였다. 사토의 이러한 지적은 빈부의 격차가 확대되고 있다고 주장한 나의 저서 『일본의 경제양극화—소득과 재산으로 생각한다(日本の経済格差—所得と資産から考える)』(1998)와 함께 일본이 양극화 사회가 되었다는 주장의 선구자가 되었다(그 후 이런 견해에 반대하는 주장과 논쟁이 확대되어 가고 있다).

양극화 사회에 관한 논쟁은 이제 그만하고, 자녀의 교육 성취에 영향을 미치는 요인으로 가정 외에 어떤 것이 있는지를 제시하고 그 타당성을 논의하기로 하자.

4) 부모의 소득과 자녀의 학업성적

최근에 대학 신입생을 선발할 때 학력고사 이외의 방법을 도입하는 학교가 많아졌지만, 과거에는 필기시험이 학생 선발의 주된 방법이었다. 따라서 대학 진학, 특히 명문 대학 진학에서 학업성적이 차지하는 중요성은 엄청났다. 그리하여 어떻게 하면 높은 학력(學力),

곧 좋은 학업성적을 획득할 수 있을 것인가가 학생 자신뿐만 아니라
부모, 교사, 학교, 행정기관 등의 큰 관심사였다.

　어떤 학생의 학업성적이 높은가? 학업성적을 결정하는 요인으로
는 다음의 여섯 가지를 들 수 있다. 먼저 첫째는 타고난 능력, 둘째
는 당사자의 노력 정도, 셋째는 해당 학교교육 방법의 효율성을 들
수 있다. 그런데 이들 셋을 결정하는 배경 요인으로 다음 세 가지를
더 들 수 있다. 넷째는 자녀에게 유전되는 부모의 능력 수준, 다섯째
는 학교를 졸업한 후 어떤 직업을 가질 것이냐 하는 성취 의욕, 여섯
째는 자녀를 어떤 학교에 진학시킬 것인가와 직결되는 부모의 소득
(학원이나 개인과외 등의 사교육 포함) 수준이다.[5]

　타고난 능력이나 유전을 이야기하는 것은 설득력이 낮고, 능력이
나 학업성적과의 관계에 관한 정보도 별로 없다. 일본에서 IQ가 공
표되지 않는 이유는 자녀를 타고난 능력으로 구별하는 것은 교육의
평등 원칙에 위배된다는 생각이 교육계, 특히 일본교직원노동조합
중심의 교원들의 주장에서 두드러졌기 때문이다. 5장에서 상술하겠
지만, 미국에서는 능력이 부족한 학생을 일찍 발견해서 그 학생에게
많은 교원과 교육비를 들여 능력의 결손을 철저히 보완하는 일이 보
다 평등한 교육정책이라고 보는 견해도 있다. 그렇지만 일본에서는
능력이 부족한 학생을 일찍 찾아내는 일에 대해 반대하는 분위기가
강하기 때문에 이를 도입하기가 쉽지 않다.

　우선 부모의 소득 수준이 자녀의 성적에 어떤 영향을 미치는지에
주목하자. 부모의 소득 수준이 자녀의 교육 기간(예를 들면, 대학교에

---

5 역주: 일본의 '塾(주쿠)' '學習塾' '豫備校' 등을 '학원'으로 통일해서 번역하였다.

진학하느냐 못하느냐)을 결정하는 데 하나의 큰 요인이 된다는 것은 [그림 2-1]에서 이미 확인한 바 있다.

그러면 교육 수준을 결정하는 중요한 변수의 하나가 학력(學力)이기 때문에, 부모의 소득이 자녀의 학업성적에 어떤 영향을 미치는지를 검증해 보자. 바꾸어 말하면, 부모의 소득-자녀의 학업성적-교육 수준의 결정이라는 인과관계의 고리를 설정할 수 있는데, 그 중에서 부모의 소득과 자녀의 학업성적 간의 관계를 알아보자는 것이다.

〈표 2-1〉은 부모의 연간 수입이 자녀의 학업성적에 어떤 영향을 미치는지를 나타낸 것이다. 이 표는 초등학교 6학년과 중학교 3학년

〈표 2-1〉 세대 수입과 자녀의 학업성적(초등학교 6학년생)

세대 수입	정답률(%)	
	국어A	산수A
200만 엔 미만	56.5	62.9
~300만 엔	59.9	66.4
~400만 엔	62.8	67.7
~500만 엔	64.7	70.6
~600만 엔	65.2	70.8
~700만 엔	69.3	74.8
~800만 엔	71.3	76.6
~900만 엔	73.4	78.3
~1,000만 엔	72.8	79.1
~1,200만 엔	75.6	81.2
~1,500만 엔	78.7	82.8
1,500만 엔 이상	77.3	82.5
평균	69.4	74.8

출처: 文部科学省調査(문부과학성 조사)

전체를 대상으로 한 2007~2009년의 전국학력테스트(〈전국학력 ·
학습상황조사(全国学力 · 学習状況調査)〉) 결과 중 2008년의 초등
학교 6학년 부모의 소득 수준과 국어와 산수 성적을 분석한 것이다.
표본이 전수(全數)이므로 자료의 신뢰도는 높다.

〈표 2-1〉에서 연간 수입이 1,200만 엔을 초과하는 가정의 자녀
들의 국어와 산수의 정답률은 평균보다 8점 이상 높으며, 200만 엔
미만에서는 평균보다 10점 이상이나 낮다. 중학생의 경우도 비슷한
결과를 보인다. 이로써 부모의 연간 수입, 곧 소득 수준에 따라 자녀
의 학업성적도 차이가 난다는 것을 알 수 있다. 부모의 소득 수준이
자녀의 학업성적을 결정하는 데 큰 영향을 미치고 있다고 말할 수
있다.

다만 이렇게 해석하는 데는 미묘한 문제가 있음을 지적하고 싶다.
첫째, 부모의 소득이 높다는 것은 그 부모의 능력과 학업성적이 좋
았다는 것, 부모가 능력과 학업성적이 좋다는 것은 교육을 많이 받
아 좋은 직업을 가졌을 가능성이 크다는 것, 그리고 좋은 직업을 가
졌다는 것은 높은 소득을 가질 확률도 높다는 것을 뜻하여,[6] 결국 소
득이 자녀 학업성적의 대리 변수일지도 모른다는 것이다. 부모의 높
은 능력과 학업성적이 자녀에게 유전되었다고 생각할 수 있는 가능
성이다. 둘째, 부모의 소득이 많으면 가계에 여유가 생기므로 자녀
가 학원이나 개인과외 등의 사교육을 받을 가능성이 높고, 그에 따
라 필연적으로 학업성적도 높아질 것이라는 견해다.

---

6 橘木俊詔 · 松浦司 『学歴格差の経済学(학력격차의 경제학)』 勁草書房, 2009年; 橘木俊
詔 · 八木匡 『教育と格差—なぜ人はブランド校を目指すのか(교육과 격차—왜 사람은
명문교를 목표로 삼는가?)』 日本評論社, 2009年

5) 학력 하강 회피설

부모의 소득이 많으면 자녀의 학업성적도 높아지고, 부모의 소득
이 적으면 자녀의 학업성적도 낮아지는 현상의 역학을 설명하는 방
식으로 몇 가지를 생각해 볼 수 있다. 부모의 소득이 많은 경우 그 부
모의 교육 정도와 직업 수준이 높고, 자녀도 높은 교육과 좋은 직업
을 가지려는 욕구가 강하며, 부모가 음으로 양으로 이를 지원한다고
예상할 수 있다. 이러한 역학을 설명하는 한 가지 학설이 '학력 하강
회피설(學歷下降回避說)'이다. 원래 영국과 미국에서는 'RRA 가설
(상대적 리스크 회피설)'[7]이라 불렀던 것으로, 자녀가 현재보다 낮은
사회계층이 되지 않도록 높은 교육을 받게 하는 경향이 강하다는 설
이다. 부모가 자녀로 하여금 자신의 현 사회계층과 적어도 같거나 그
이상의 계층(교육, 직업)에 이르도록 노력한다는 설이다.

이 RRA 가설을 일본에 적용한 요시카와 토오루(吉川徹)는 이를
'학력 하강 회피설'이라고 했다. 한마디로 자녀가 부모의 교육 수준
에 못 미치는 일만은 피하고 싶다는 동기가 부모와 자녀에게 강하게
작용한다는 것이다. 예컨대, 부모가 고등학교 졸업자이면 자녀도 고
등학교 졸업자 이상이어야 하며 중학교 졸업자가 되는 경우만은 피
하고 싶고, 부모가 대학교 졸업자이면 자녀가 고등학교 졸업자나 전
문대 졸업자가 아닌 적어도 4년제 대학 졸업자 이상이기를 바란다

---

7 역주: RRA(relative risk-aversion, risk-avoidance) 가설이란 이율이 높지만 미래가 불
투명한 은행에 예금하기보다 이율은 낮지만 안전한 은행에 예금하는 행위처럼 불확실한
일에 대한 투자나 구매를 기피하는 경향으로, 심리학, 경제학, 재정학 등에서 사용되는
개념이다.

는 것이다. 이를 증명하기 위해서 요시카와는 다음과 같은 사실을 소개하고 있다. 어느 시기든 부모가 고등학교 졸업자인 경우 자녀의 대학교 진학률이 일정 수준 이상으로 늘지 않은 데 비해, 부모가 대학교 졸업자인 경우는 자녀의 대학교 진학률이 높다는 것이다.

나는 요시카와의 '학력 하강 회피설'을 더 확대 해석해 다음과 같은 가설도 가능하다고 본다. 사람들은 자녀의 학력이 하강하는 것을 피하려 함은 물론, 더 나아가 자녀가 부모보다 높은 학력을 가지기를 적극적으로 원한다. 일본의 부모는 자녀의 교육 성취에 매우 민감하다. 그리하여 자녀에게 되도록 많은 교육을 받게 하려고 한다는 가설을 세울 수 있다. 이 가설을 지지하는 이유는 가정 형편이 좋지 않아 교육을 많이 받지 못해 너무 억울한 기억을 가지고 있는 부모들이 자신의 자녀에게만은 이런 좋지 않은 기억을 물려 주기 싫어서 교육을 많이 시키려고 갖은 노력을 기울이기 때문이다. 농촌에서는 자녀를 도쿄대학에 보내기 위해 논밭을 팔아 학비를 충당하는 일도 있었다.

최근 자녀 교육비가 늘어나 가계에 엄청난 타격을 주고 있다. 후루타 카즈히사(古田和久)는 최근 십수 년 동안의 불황이 가계 소득을 감소시켜 왔기 때문에 설령 부모보다 높은 교육을 자녀에게 시키고 싶어도 경제적인 이유 때문에 포기하는 경우가 증가하고 있다고 보고하고 있다.[8] 고바야시 마사유키(小林雅之)도 같은 주장을 하고 있다.[9]

---

8 古田和久 "教育社会の不平等生成のメカニズムの分析(교육사회의 불평등 생성의 메커니즘의 분석)" 米澤彰純編『教育達成の構造(교육성취의 구조)』

9 小林雅之『大学進学の機会─均等化政策の検証(대학 진학의 기회─균등화 정책의 검증)』東京大学出版会, 2009年

이와 같은 후루타와 고바야시의 주장은 '학력 하강 회피설'이나 나의 가설과 상반되지는 않지만 경제적인 문제 등 부모와 자녀의 동기 이외의 요소가 강해지고 있음을 나타낸다고 해석할 수 있다.

6) 명문도(名門度) 상승 희망설: 부모보다 더 좋은 학교에 진학하기

'명문도 상승 희망설'[10]은 자녀의 학력 수준이 부모의 학력 수준보다 더 높아지기를 바람으로써 더 좋은 학교에 진학하기를 바란다는 설이다. 부모가 자녀의 고등학교나 대학교, 특히 어느 대학교에 진학할 것인가를 결정할 때 자기가 졸업한 학교보다 인지도가 높은 학교로 진학하기를 희망하며, 자녀도 그 희망을 충족시키려고 노력한다는 것이다. '학력 하강 회피설'과 이를 확대 해석한 내 생각 등을 설명한 바 있지만, 이 '명문도 상승 희망설'도 오늘의 일본에 적용되리라 생각한다.

그런데 일본의 학력 경쟁에서는 '학력 하강 회피설'과 '명문도 상승 희망설'이 동시에 적용될 수 있다. 다음의 몇 가지 예를 보면 이 두 가지 가설이 틀리지 않음을 알 수 있을 것이다. 첫째, 중앙 관청이 도쿄대학 출신을 우대하고 있다는 사실이 이에 해당된다. 도쿄대학 이외의 대학을 나온 공무원이 출세 경쟁에서 억울한 경험을 겪는 일은 많다. 이 때문에 자녀를 도쿄대학, 특히 도쿄대학 법학부에 진학하도록 권유하는 일이 허다하다. 자녀도 부모의 억울함을 알고 있

---

10 역주: 저자는 '명문도 상승 희망 가설(名門度上昇希望假說)'이라 하고 있다.

기 때문에 그에 응하려고 노력한다. 그래서 일이 잘 풀려 도쿄대학 법학부에 들어가게 되면, 그다음에는 관료가 되려고 한다. '학력 하강 회피설'과 '명문도 상승 희망설'이 동시에 성립되는 것이다. 가장 좋은 예는 고등학교 졸업 공무원인 부모와 그 자녀가 관료가 되기 위해 도쿄대학 법학부의 진학을 희망하는 경우다.

둘째, 기업 경영자로 성공해서 고소득을 올리고 있는 사람 중에는 명문 대학을 나온 사람이 그다지 많지는 않은데, 그들이 자기 자녀를 명문 대학에 보내려고 많은 교육비를 지출하는 경우를 들 수 있다. 고소득 기업 경영자이기 때문에 인생에 불만이 없을 것이라고 생각하겠지만, 의외로 학력에 대한 콤플렉스를 가지고 있어서 자기 자녀를 좋은 학교에 보내려고 하는 것 같다.

이상의 두 가지 예는 단편적인 것에 지나지 않지만, 명문 대학을 나오지 않아서 어떤 불이익을 당했다고 느끼는 부모가 있으면 그 불만이 적든 많든 학력 콤플렉스를 자극하게 되고, 이에 따라 자기 자녀가 그런 억울함을 당하지 않게 하려고 할 것이다. 충분한 경제력이 있다면 자녀 교육에 열성을 보이는 일은 흔히 있을 수 있다. 자녀도 그 기대에 부응하려고 노력해서 명문 대학에 진학하려는 경향이 강해지고 과열되는 현상도 있을 수 있다. 이러한 욕망이 일본에서 어느 정도 퍼져 있는지를 확인할 수 있는 자료가 없기에 여기에서는 대략적인 추측을 통해서만 논할 수 있지만, 이러한 추측이 망상이라고 생각하지는 않는다.

7) 부모의 특성에 따른 자녀의 교육격차

카리야 다케히코(苅谷剛彦)가 제창했던 '인센티브 디바이드 (incentive divide)'는 일본의 교육양극화를 잘 설명하는 것으로 주목을 받았다.[11] 이는 부모의 교육과 직업에 따른 계층 양극화가 자녀의 학습의욕에 차이를 가져온다는 견해다. 부모의 계층이 높은 자녀는 공부를 잘해서 수준이 높은 교육을 받는 데 비해, 계층이 낮은 자녀는 학습의욕이 없어서 수준이 낮은 교육에 만족하게 된다는 것이다. 부모의 계층은 자녀의 학습시간, 상위 학교에 들어가야겠다는 의욕, 학교생활에 대한 몰입, 사교육에 대한 관심 등에 영향을 미치게 된다.

특히 일본에서는 어머니의 역할에 관심이 집중되는 경우가 많다. 혼다 유키(本田由紀)는 대학교 출신 어머니의 경우 자녀의 예의범절과 교육을 함께 신경 쓰기 때문에 자녀의 성적이 좋아 수준 높은 학교에 진학시키는 데 비해, 고등학교 출신의 어머니는 자녀의 예의범절에만 치중해서 키우기 때문에 대학교 출신 어머니를 둔 자녀의 학업성취보다 뒤처지는 경향이 있다고 본다.[12] 한편 어머니가 밖에서 일하는 가정은 일반적으로 자녀 교육에 신경을 덜 쓸 수밖에 없다는 점을 들면서, 어머니의 취업 형태가 자녀 교육에 주는 영향이 크다고 말하고 있다. 구체적으로 말하면, 시간제로 일하는 어머니가 전일제로 일하는 어머니보다 자녀 교육에 신경을 더 쓸 수 있다는 것

---

[11] 苅谷剛彦 『階層化日本と教育危機―不平等再生産から意欲格差社会へ(계층화 일본과 교육위기―불평등 재생산으로부터 의욕 양극화 사회로)』 有信堂高文社, 2001年

[12] 本田由紀 『「家庭教育」の陥路―子育てに強迫される母親たち(가정교육의 고충―자녀 교육에 강박관념을 갖는 엄마들)』 勁草書房, 2008年

이다.

한편 아버지의 역할도 꽤 중요하다. 아버지의 성향이 아들의 교육에 강하게 작용하는 일을 그 예로 들 수 있다. 아들은 아버지의 모습을 보면서 자신의 교육을 결정하기도 한다. 과거에는 어머니의 역할에 관심이 집중되었지만 아버지의 역할에 관해서도 주목해야 한다는 견해다.

지금까지 살펴본 '학력 하강 회피설' '명문도 상승 희망설' '인센티브 디바이드'가 주는 교훈은 부모의 계층과 교육열(敎育熱)[13]이 자녀 교육에 주는 영향력이 크다는 것을 드러내고 있다.

2. 문화자본과 학력(學力)자본의 영향력

다양한 형태로 부모의 계층이 자녀의 교육에 영향을 준다는 것을 살펴보았다. 이제 문화자본과 학력(學力)자본이라는 개념을 통해서 그러한 영향력이 어떻게 작용하는지를 살펴보기로 하자.

1) 문화자본이란

계층은 교육, 직업, 소득으로 설명되는 개념이다. 부모의 계층이 높은 자녀는 가시적, 비가시적인 형태로 부모로부터 긍정적인 영향을 받는데, 이에 영향을 주는 것을 문화자본이라 한다. 예컨대, 부모

---

13 역주: '교육열'은 저자가 '교육열심(敎育熱心)'이라고 쓴 말을 번역한 것이다.

가 고전 문학, 클래식 음악, 그림 등에 익숙하거나 세련된 언어를 구사하는 등 상류 계층의 특유한 문화적 수준, 사고 방식, 행동 방식 등을 지니고 있으면 그것이 자녀에게도 자연스럽게 전해진다는 생각이다. 반면에 부모의 계층이 낮으면 자녀는 그러한 영향을 받지 못한다.

　이러한 가정에서의 문화자본의 중요성은 계급사회였던 영국이나 프랑스에서 중시되어 왔다. 학교제도가 정착되지 않았던 시대에는 성주나 기사 등 상류 계층의 경우 자녀에게 가정교사를 붙여서 라틴어, 역사, 철학, 음악, 예술 등을 가르쳤다. 학교제도가 정착하면서 상류 계층의 자녀가 많이 모이는 학교가 창립되었고, 그곳에서 고전어, 역사, 철학, 예술 등 문화 정도가 높은 과목을 가르쳤다. 그 대표적인 예가 영국의 이튼(Eton), 해로우(Harrow), 럭비(Rugby), 윈체스터(Winchester) 등과 같은 사립학교다.

　이러한 사립학교가 문화자본과 관련하여 중요한 이유는 이들 학교에 입학하기 위해서는 부모의 계층이 높아야 했기 때문이다.[14] 이들 사립학교는 기숙학교를 원칙으로 하기 때문에 학비와 기숙사비가 비싸서 일반 서민의 자녀는 입학할 수 없었다. 학생 선발에서도 학생의 성적보다 면접이나 서류 전형이 더 중시되었다. 부모의 신분이나 경제 상황이 크게 고려된 면접에서는 가정환경이나 자녀가 어떻게 교육을 받고 있는지도 조사했다. 구체적으로 말하면, 면접에서는 음악과 미술 그리고 어떤 책을 읽고 있느냐와 같은 질문을 받기 때문에 가정의 문화 수준을 알 수 있었다. 가장 알기 쉬운 예로, 면

---

14 자세한 내용은 橘木俊詔『灘校―なぜ「日本一」であり続けるのか(나다(灘)교―일본 최고를 유지하는 이유는?)』光文社新書, 2010年 참조.

접에서는 상류층 영어 발음인지 아닌지를 판단 자료로 사용하였다. 영국에서는 상류층이 사용하는 영어가 달랐으며 면접에서 그것이 바로 판명되었던 것이다. 나는 영국의 사립학교가 면접을 중시한 이유는 신입생을 선발할 때 이를 통해 상류 계층의 자녀를 선발할 수 있었기 때문이라고 보고 있다.

이들 사립학교를 평가하는 데 중요한 것은 이들 학교가 성적만을 중시하는 것이 아니라 전인교육이라는 측면에서 도덕, 체육, 인격 등의 교육도 중시한다는 것이다. 말하자면 상류층 사회 지도자로서의 인간 교육을 한다는 사실을 잊어서는 안 된다. 과거 영국의 명문 대학인 옥스포드대나 케임브리지대에 진학하는 학생의 대다수가 이 사립학교 졸업생이었다. 이 두 대학교의 입학생 선발에서도 사립학교 정도까지는 아니지만 면접을 중시하였기 때문에 꼭 성적만으로 선발된 것은 아니었다. 예를 들면, 케임브리지대의 킹스칼리지에는 이튼학교 출신이 우선적으로 입학할 수 있었고, 옥스포드대의 뉴칼리지에는 윈체스터학교 출신이 많이 입학할 수 있었다. 지금은 이러한 우선입학제도를 시행하지는 않고 있다.

2) 학력자본이란

학력(學力)자본은 부모의 계층이나 가정의 문화자본과는 관계없이 당사자가 얼마나 학업성적에 관심이 있고 열심히 하느냐에 관련된 개념이다. 학생의 타고난 능력, 학업에 대한 열성 그리고 학교의 효율적인 교수법이 학업성적의 고저를 결정하는 큰 요인이 된다는 견해다. 피에르 부르디외(P. Bourdieu)는 가정의 문화자본이 높을수

2. 문화자본과 학력자본의 영향력 69

록 자녀의 교양 등 학력자본도 높아질 가능성이 있다고 주장하였다. 가정에 백과사전이 있는 것, 품위 있는 서적을 읽는 분위기 등이 자녀의 학업성적을 높이는 요인이 된다고 본 것이다.

여기서는 문화자본과 학력자본을 구별해서 논하기로 한다. 문화자본과 학력자본을 구분하는 이유는 부모의 계층이 낮아 문화자본이 축적되지는 않았어도 자녀의 타고난 능력이 높고 게다가 공부를 열심히 한다면 높은 학업성취를 이루어 좋은 상급학교에 진학할 수도 있기 때문이다. 예를 들면, 제2차 세계대전 전의 일본에서는 집안 형편이 좋지 않아도 자녀가 뛰어나게 우수하면 후원자가 나타나 그를 경제적으로 지원해서 진학시켜 주는 경우도 있었다. 경제적 형편 때문에 상급학교에 진학할 수 없었던 시대에도 극히 소수이기는 했지만 이러한 경우가 있었다.

이러한 예는 입학자를 설정할 때 시험 성적만으로 결정하든가 시험 성적을 특히 중시한 경우다. 그러나 문화자본, 곧 부모의 계층이나 소득 또는 문화 정도가 면접이나 서류 전형의 중요한 선발 기준이라면 시험 성적의 비중은 낮아질 것이다. 현재 일본의 고등학교와 대학교 입시에서는 일부 사립학교를 제외하고는 이런 기준을 거의 고려하지 않는다. 이것이 일본의 국·공립학교의 공통된 특징이다.

그렇다면 일본에서는 왜 주로 학력시험, 곧 학력자본을 중시하며 신입생을 선발해 왔을까? 그 이유는 선발이 공평하고 객관적이어야 한다는 견해가 뿌리 깊었기 때문이다. 지원자 전원이 공통시험을 보고 그 채점 결과에 따라서 입학자를 결정하는 것이 객관적이고 무엇보다 공평하다고 생각했기 때문이다.

사회계층을 알 수 있는 서류나 가정환경을 묻는 면접을 병행하면

연줄이나 가족 정보 등을 알아내려는 듯한 자의성(恣意性)이 개입될 여지가 있다. 반면에 필기시험은 익명성이 있으므로 공평하고 객관적으로 선발할 수 있다. 시험 성적으로 신입생을 뽑을 경우 익명성이 보장되는 수험 번호로 채점·평가된다. 그러나 최근 자녀 수가 줄면서 신입생을 확보하기 힘들어짐에 따라 다른 현상이 나타나고 있다. 학력시험만이 아니라 AO 시험이나 출신학교 추천에 의한 신입생 선발이 늘고 있다.

일본의 학교는 최근까지 이렇게 학력시험으로 입학자를 결정하고 있는데 다른 국가에서도 이런 예는 있다. 한국과 프랑스가 유명하다. 프랑스어로 콩쿠르(concours)라는 단어는 경쟁시험이란 의미를 갖고 있는데, 이는 프랑스가 그만큼 시험을 중시하는 나라임을 상징하고 있다. 프랑스에서는 학력시험을 중시하기 때문에 일본 이상으로 치열한 경쟁이 이루어지고 있다.

과거 영국의 명문 사립학교 신입생 선발에서 문화자본이 중시되었음을 앞에서 말한 바 있다. 그러나 산업혁명 후 19세기에 들어서면서 생산력이 높은 유능한 인재가 필요하다는 인식이 사회 전반에 퍼졌고, 영국에서도 학업성적을 중시하는 경향이 싹트기 시작했다. 이에 따라 생긴 것이 공립 문법학교[15]라 불리는 중등교육 학교였다. 학비는 싸지만 학업을 중시하는 학교로서, 졸업생들은 옥스포드대나 케임브리지대에 많이 진학하였다. 20세기에 들어서 이 문법학교는 사립학교와 경쟁하게 되었다. 이렇게 문법학교가 학생의 학업성적을 높이자 사립학교도 자극을 받게 되었다. 학업성적만이 아닌 전

---

15 역주: 문법학교(grammar school).

인교육을 중요 모토로 하고 있던 사립학교가 20~30년 전부터 학업
성적을 중시하게 된 것이다.

3) 부모의 문화자본의 영향력

일본에서는 문화자본보다 학력자본을 더 중시하였지만 문화자본
의 영향력이 전혀 없는 것은 아니다. 여기에서는 몇몇 실증 연구를
소개하기로 한다.

사실 일본에서는 문화자본이 자녀 교육에 미치는 효과가 미미하
다고 전문가들은 보아 왔다. 학업성적을 중시하는 사회 풍토 속에서
문화자본이 차지할 영역이 없었기 때문이다. 그러나 근래 들어 문화
자본의 영향력이 커지고 있다는 보고가 늘고 있다. 예를 들면, 카타
세 카즈오(片瀨一男)는 남자 고등학생의 경우 높은 독서문화 자본(문
학과 역사책을 읽는 빈도)이 그들의 대학교 진학 열의를 높이고, 여자
고등학생의 경우는 높은 예술문화 자본(클래식 음악과 예술을 접하는
빈도)이 그들의 대학교 진학에 기여하고 있음을 보고하고 있다.[16] 남
학생과 여학생이 영향을 받는 문화자본이 다르다는 점이 흥미롭다.

한편 나와 야기(八木匡)의 공저 『교육과 격차(教育と格差)』(2009)
에서는 아버지와 어머니를 구분해서 문화자본이 주는 영향력을 측
정하였다. 그 결과, 남학생은 아버지의 독서문화 자본이 어머니의
그것보다 교육성취에 더 큰 영향을 주지만, 여학생은 아버지와 어머
니 모두의 독서문화 자본의 영향력이 약하게 나왔다. 예술문화 자본

16 片瀨一男 『夢の行方―高校生の教育・職業アスピレーションの変容(꿈의 행방―고
등학생의 교육적・직업적 포부(aspiration)의 변화)』東北大学出版会, 2005年

의 효과는 여학생에게만 작용하고 있으며, 아버지의 영향력과 어머니의 영향력 간에는 차이가 없었다. '교육 마마'나 '퍼펙트 마더' 등의 단어가 말해 주듯, 지금까지 일본에서는 어머니가 자녀 교육에 미치는 영향력만이 주목받아 왔다. 그렇지만 『교육과 격차』는 아버지의 영향력을 언급하는 새로운 발견을 한 것이다. 가부장제 색채가 강했던 제2차 세계대전 전의 일본에서 자녀, 특히 아들의 교육 성취를 결정했던 것은 아버지였다. 지금 아들에 대한 아버지의 영향력이 강해졌다고 하면 과거와 비슷한 현상이 다시 나타나는 것은 아닌가 생각할지도 모르겠다.

요약하면, 문화자본의 영향력을 평가할 때 아버지가 가진 문화자본의 영향력과 어머니가 가진 문화자본의 영향력이 다르고, 이들 문화자본이 아들에게 주는 영향력과 딸에게 주는 영향력은 서로 다르다고 할 수 있다. 그러나 전체적으로 볼 때 문화자본이 주는 영향력은 그다지 크지 않다. 이미 언급하였듯이, 일본에서는 학력자본의 영향이 훨씬 더 크다. 다만 문화자본은 자녀가 얼마나 강한 학습의욕을 가질 수 있느냐에 간접적인 영향력을 미치고 있다.

4) 가정의 문화자본과 학습의욕 및 학습시간

앞에서 말한 결론의 증거를 [그림 2-3]에서 확인해 보자. 이것은 카리야 다케히코의 조사(2008)에서 가정의 문화적 배경이 중학생의 학습의욕에 얼마나 영향을 미치고 있는지를 나타낸 것이다. 여기에서는 '우리집 식구는 TV로 뉴스를 본다.' 등과 같은 응답으로부터 얻은 결과를 문화 정도가 높은 가정에서 낮은 가정 순으로 늘어놓고 상위권 1/3, 중위권 1/3, 하위권 1/3로 구분한 뒤, 각 집단에서 자녀가 어느 정도의 학습의욕을 가지고 있는지를 나타내고 있다. 자녀의 학습의욕은 ① 숙제는 반드시 한다, ② 스스로 공부한다, ③ 공부가 재미있다 등으로 측정한 것이다.

[그림 2-3]을 정리하면 다음과 같다. 첫째, 학습의욕은 상위권 계층, 중위권 계층, 하위권 계층의 순으로 높아진다. 문화자본이 높은 가정에서 자란 자녀는 숙제는 반드시 하고, 스스로 공부하며, 공부에 관심을 가지고 있어서 분명하게 학습의욕이 높다. 둘째, '숙제는 반드시 한다.'는 항목이 세 계층 모두에서 가장 높지만, '공부가 재

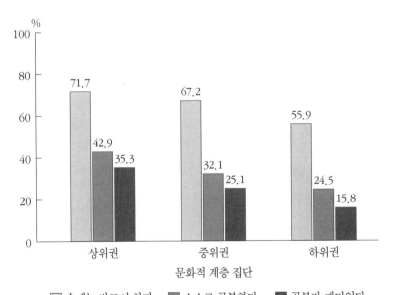

[그림 2-3] 가정의 문화적 배경과 학습의욕(중학교)

주: 중학생 1,281명을 대상으로 조사(2001년). '우리집 식구는 TV로 뉴스를 본다.' 등의
   설문을 척도로 사용. 조사 대상자 수가 거의 1/3씩 되도록 문화적 계층 집단을 설정함.
출처: 苅谷剛彦 『学力と階層(학업성적과 계층)』 朝日新聞出版, 2008年

미있다.'는 항목은 모두 가장 낮게 답했다. 이는 60% 정도에 해당되
는 학생들이 최소한 숙제는 반드시 하고 있지만, 공부가 재미있다고
느끼는 학생은 불과 1/4밖에 안 된다는 것이다. 대부분의 학생이 공
부가 즐겁지 않다고 느끼는데도 교육계가 그들을 더 공부시키고자
원한다면 숙제를 많이 내서 강제적으로 공부시키는 방법이 효과적
이지 않을까 하는 명제가 성립된다고 추측할 수 있다. 교육학 분야
에서 이 추측이 정설인지 아닌지는 모르겠지만, 공부는 많은 사람에
게 즐거운 것은 아니기 때문에 어느 정도 강제적으로 자녀를 공부시
키는 것이 학업성적 향상과 연결될 것 같은 생각도 든다.

간접적이지만 문화자본의 차이가 학생들의 학습의욕 차이와 관련

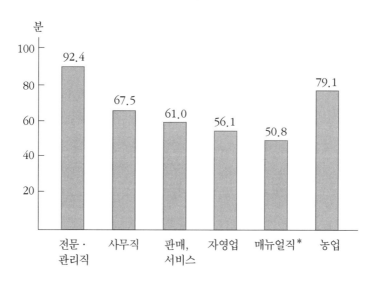

[그림 2-4] 부모의 직업과 학습시간(고등학생)

＊매뉴얼직이란 농림어업, 운수·통신, 생산공정, 육체노동자에 해당되는 직업을 의미한
   다(산업사회학2, 2008년 4월 2회 SSM 조사에서 사용한 정의를 인용함).
출처: 苅谷剛彦『学力と階層(학업성적과 계층)』朝日新聞出版, 2008年

있다는 증거를 하나 더 제시하고자 한다. [그림 2-4]는 아버지의 직업과 고등학생의 사교육 학습시간의 관계를 나타낸 것이다. 즉, 아버지의 직업을 문화자본의 대리 변수로 본 것이라 할 수 있다.

이 조사를 보면 아버지의 직업 수준이 높을수록 학생의 과외 학습시간도 길어진다는 것을 알 수 있다. 특히 아버지가 전문직, 관리직인 경우, 즉 학업성적이 높고 지능이 높은 부모의 자녀인 경우 다른 집단의 자녀보다 상당히 긴 시간을 공부하고 있다. 이는 자녀가 의도적이든 아니든 '농사로 대 잇기'를 회피하기 위해 열심히 공부해서 더 나은 직업을 가지려 한다는 것을 나타내는 것인지도 모른다. 다른 이유가 있을지도 모르지만 여기서는 언급하지 않기로 한다.

3. 고등학교 진학과 대학 진학에 영향을 주는 요인은

일본의 학력양극화 혹은 교육양극화는 3극화되고 있다고 이미 지적한 바 있다. 이 절에서는 각각의 교육 단계(즉, 고등학교 졸업, 전문대 졸업, 4년제 대학교 졸업, 명문 대학)에 주목하면서 어떤 이유나 동기로 고등학교나 대학교에 진학하고 또한 어떤 전공을 선택해 왔을지, 그리고 이들 학교에 진학할 때 어떤 학교를 졸업해서 그곳에 입학했는지, 그 선발 과정은 어땠는지 등에 대해 살펴보기로 한다.

1) 1970년대까지의 고등학교 진학

1945년 후의 교육제도 개혁에서 새로운 제도의 고등학교가 생겨난 이래 고등학교 진학률은 지속적으로 상승해 1970년대에는 90%를 넘었다. 그때까지 고등학교 진학 상황은 어떠했는지 간단히 살펴보겠다. 첫째, 실업계 고등학교 진학자가 상당한 비중을 차지하고 있었음을 다시 한 번 확인해 두자. 1955년부터 지금까지 인문계 고등학교, 실업계 고등학교, 종합 고등학교의 학생 비율이 어떻게 변화되었는지는 이미 앞의 [그림 1-5]에서 보았다. [그림 1-5]를 다시 보면, 1955~1975년까지는 인문계 고등학생이 60%쯤 되고 실업계 고등학생이 40%쯤 되어 그 비율이 3대 2 정도임을 알 수 있다.

둘째, 약 60%의 인문계에 속하는 학생은 졸업 때 대학 진학자와 취업자로 나뉘어 있었고, 이때만 해도 이들 인문계 고등학교 졸업자의 취직이 실업계 고등학교 졸업자의 경우와 같이 그렇게 어렵지는 않았다. 이 시기의 취직은 고등학교의 추천으로 결정되었는데, 고등학교 측은 주로 학업성적에 입각해서 특정 학생을 추천했으며 기업은 그 학생을 주로 채용하였다. 한 기업에 채용이 내정된 자는 다른 기업에 응모할 수가 없었다. 이 '1인 1사 주의'는 당시 일본 고등학교 졸업생의 취직의 특징이라 할 수 있는 것이었다.

셋째, 고등학교에 입학할 때 인문계와 실업계를 결정하는 요인은 두 가지다. 하나는 가정 형편이었고 다른 하나는 부모의 소득이었다. 인문계는 실업계보다 가정 형편이 더 나은 경우가 많았다. 실업계의 경우는 부모의 소득이 약간 낮아서 자녀가 졸업 후에 취직해서 가정의 경제 부담을 덜어 주기를 바랐다. 또 하나는 중학교의 학업성적이다. 인문계 학생이 실업계 학생보다 성적이 약간 더 좋았다. 인문계 학생이 실업계 학생보다 학업성적이 더 좋다는 인식은 교육에 부정적 영향을 미친 측면도 있다. 애당초 인문계 고등학교에 진

학하기보다 기능을 익힐 수 있는 실업계 고등학교에 진학하는 편이
더 나은 학생도 있다. 그러나 인문계 학생이 우수하다는 인식 때문
에 부모나 학생 모두 인문계 고등학교에 진학하려고 했다. 그러나
인문계 고등학교에 진학했다 하더라도 결국에는 학업을 마치지 못
하고 중퇴하는 경우는 예전이나 지금이나 마찬가지다.

넷째, 인문계 고등학교에 다니는 대학교 진학 집단 내에서는 대학
교 진학을 목표로 하는 그 당시부터 경쟁이 치열해진다. '입시지옥'
이라는 말에서 알 수 있듯, 수준 있는 대학교에 진학하기 위해서는
고등학교 졸업 후 재수 정도는 드물지 않았다. 삼수를 하는 학생도
흔했다.

당연하지만 대학교 진학에 강한 학교와 약한 학교의 차이는 엄연
히 존재했다. 학교 간 양극화는 대학만이 아니라 고등학교에도 있었
다. 대학교 진학에 강한 학교에 들어가는 학생은 중학교 성적이 좋
았다. 진학 의욕이 높은 학생은 수준 높은 고등학교를 목표로 하였
다. 따라서 대학교 진학을 위해서는 이미 중학교 단계부터 고등학교
입시 경쟁이 시작되었다. 높은 학력을 얻기 위해 자녀가 입시에 내
몰리고 있었던 것이다.

그런 상황에서 격심한 입시 전쟁이 아이들의 심신 발달에 폐해를
가져온다는 비판이 사회에 확산되기 시작하였다. 그 비판이 나중에
'여유로운 교육(ゆとり教育)'을 주장하는 목소리로 발전하였다. 그
리고 1980년대 이후에 학습지도 요령에 학습량을 줄이고 2002년
에는 완전 주 5일제를 도입하고 종합적인 학습시간을 신설하는 등
본격적인 여유로운 교육이 실시되었다. 그러나 이러한 여유로운 교
육은 학업성적 저하를 초래한다는 비판을 받았고, 이에 2011년부터

실시된 학습지도 요령에서는 여유로운 교육에서 탈피하는 방침을
세웠다.

2) 1980년대 이후의 고등학교 진학

교육 단계에 주목해서 보면 1980년대 이후 변화의 특징은 다음과
같을 것이다. 우선 고등학교 진학률이 90% 후반에 달해 전인시대
(全人時代)를 향하고, 대학교 진학률도 이미 보았듯이 50%를 넘는
방향으로 발전하였다. 이러한 변화가 일어난 요인은 무엇인가?

첫째, 고등학교 학생이 재적하는 학과에 큰 변화가 일어났다. 다
시 [그림 1-5]를 보자. 1975년 무렵부터 인문계 고등학교 학생 비율
이 60%에서 서서히 상승하기 시작해 현재는 70%를 넘었다. 1990년
대에 새롭게 도입된 종합 고등학교는 인문계 고등학교와 유사하므
로 지금 인문계 고등학생은 80%쯤 된다고 할 수 있다. 이는 이 시기
에 대학교 진학률이 급상승했다는 것과 깊은 관계가 있음을 알 수
있다. 고등학생 대다수가 국어, 수학, 영어, 이과, 사회를 중심으로
한 과목을 공부하던 시기다. 인문계 고등학생 수가 증가하자 당연히
실업계 고등학교에 진학하는 학생 수는 감소했다. [그림 1-5]를 보
면, 1970년대 이후 실업계 고등학교 재학생이 40% 정도에서 감소
하기 시작해 현재는 20% 정도까지 내려갔다. 약 절반 정도가 줄어
든 것이다. 이는 고등학교 교육에서 기술을 익히는 직업교육이 크게
약화되었음을 의미한다.

둘째, 고등학교를 졸업한 학생들이 갖는 직업의 종류가 많이 달라
졌다. 과거에 고등학교 졸업자는 사무직이나 기술직에 많이 취직했

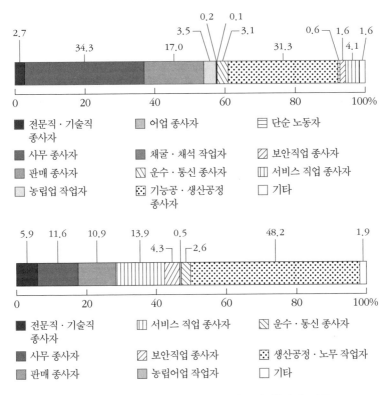

[그림 2-5] 고등학교 졸업자의 직종별 취업자 비율

(위: 1970년 3월, 아래: 2008년 3월)

출처: 中央敎育審議會 〈キャリア敎育・職業敎育特別部會(커리어 교육・직업교육 특별부
회)〉報告書, 2010年

고, 중학교 졸업자는 주로 생산・기능직이나 미숙련 노동에 취직하
였다. 그러나 시대가 바뀌어 중학교 졸업자 수가 대폭 줄어들자 고
등학교 졸업자가 그 자리에 들어가게 되었다. 그 변화를 통계로 살
펴보자.

[그림 2-5]는 1970년과 2008년의 고등학교 졸업자의 직업을 나
타낸 것이다. 40년 전에 고등학교 졸업자가 가장 많이 취업한 자리

는 사무직으로 34.3%였지만 최근에는 11.6%까지 감소했다. 한편, 기능공이나 생산공정 작업직은 31.3%였지만 최근에는 48.2%까지 증가하였다. 40년 전까지도 약 30%의 고등학교 졸업자가 이러한 직업을 가졌는데, 그 이유는 그들 대다수가 공고 졸업생이었기 때문이다. 지금도 그것은 변함이 없다. 생산공정 작업자의 경우 지금은 공고 졸업자 이외의 비율이 높아져서 인문계, 농고, 정보과 등 모든 종류의 고등학교 졸업생이 진출하고 있다.

40년간 약간 감소한 고등학교 졸업자의 직업은 판매직으로 17.0%에서 10.9%로 낮아졌다. 반면에 약간 증가한 직업은 서비스직으로 13.9%인데, 이는 일본이 제조업 중심에서 서비스 산업 중심으로 변화하였고, 아직 서비스 직종에 많은 고등학교 졸업자가 취업하고 있음을 뜻한다.

이제 고등학교 졸업자의 직종별 차이를 고등 전문학교 졸업자, 전문대 졸업자, 4년제 대학교 졸업자의 직업과 비교해 보자. [그림 2-6]은 학력별 취업 직업 비율을 나타낸 것이다. 먼저 고등 전문학교 졸업자 90% 이상이 전문직·기술직에 종사한다는 점이 눈에 띈다. 이는 고등 전문학교의 대다수가 공학 계열이며 중급 기술자 양성을 목표로 하고 있기 때문이다. 전문대 졸업자는 다양한 학과로 구성되어 있지만 전문직·기술직과 사무직의 두 가지가 80%쯤 된다.

대학교 졸업자 취업의 경우 전문직·기술직 취업자와 사무직 취업자는 1970년까지는 40.3%와 31.4%로 조금 차이가 있지만, 2008년까지는 각각 30% 정도로 거의 같은 수치다. 판매직 취업자는 20%쯤으로 적지 않은 수치다. 4년제 대학이라 하더라도 학부나 학과가 다양하므로, 대학교 졸업자가 취업하는 직장 역시 다양하다. 여기에서

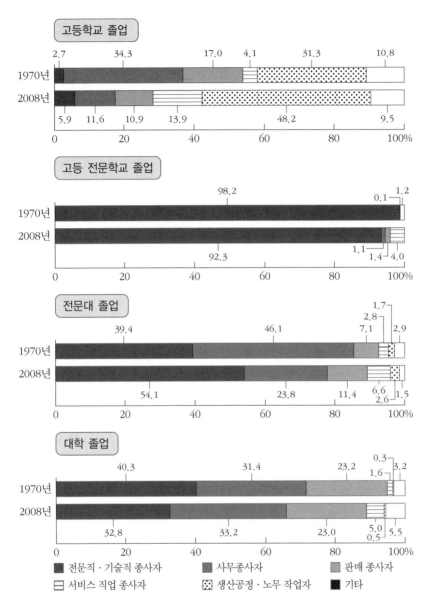

[그림 2-6] 학력별 졸업자의 직종별 취업자 비율 추이

출처: 中央教育審議會〈キャリア教育・職業教育特別部會(커리어 교육・직업교육 특별부회)〉報告書, 2010年

사무직 취업자 비율이 의외로 낮고 서비스 직종에도 취업하는 경우가 꽤 있다고 생각할지 모르겠으나, 이 통계는 갓 대학을 졸업한 사람(신입사원)들의 취업만 다루고 있음에 유의하기 바란다. 따라서 이 그림에서는 관리직 취업자를 나타내지 않았다. 대학 졸업 시점(신입사원)에서는 관리직이나 경영자가 거의 없고, 사무직으로 채용되어 경력을 쌓은 뒤에야 관리직이나 경영자로 승진하기 때문이다.

이상의 내용을 정리하면, 고등학교 졸업자들은 30~40년 전의 중학교 졸업자들이 취업했던 직업에 들어가고, 대학교 졸업자들은 고등학교 졸업자들이 들어갔던 직업에 들어가는 경향이 높아졌다고 할 수 있다. 이는 일본이 고학력사회로 돌입하는 과정에서 생겨난 현상이다. 이를 다른 각도에서 보면, 더 높은 학력을 얻으면 좋은 직업을 가질 수 있다고 생각하고 많은 학생이 높은 학력을 추구하지만, 정작 더 높은 학력을 가진다고 해서 더 좋은 직업을 갖는 것은 아니라고 해석할 수 있다. 이런 경험을 한 사람들은 학교교육에 대한 기대가 만족한 결과를 가져오지 않는다고 실망할지도 모른다.

또 다른 해석도 가능하다. 같은 직종이라 해도 시대가 바뀌면서 그 업무 내용이 복잡해지고 어려워져서 과거보다 더 높은 학력과 기능을 필요로 하게 되었다는 것이다. 이는 보다 높은 학력을 가진 사람에 대한 수요가 많아졌다는 것을 뜻한다.

그렇지만 졸업자의 학력이 높아진 것과 시대가 흐르면서 직무 내용이 변화한 것 중 어느 쪽이 더 크게 작용하고 있는지에 관해서는 여기서 더 이상 논하지 않고 다음 과제로 남기기로 한다.

3) 단일 행로의 학력주의

1945년 이후의 일본 교육을 한마디로 요약하면, 실업계 고등학교를 나와 취직하는 학생이 상당히 많았으나 시대가 흐르면서 많은 학생이 고학력을 원하게 되었다 할 수 있다. 따라서 인문계 고등학생이 다수가 되었고, 그중 절반 이상은 대학을 지망하게 되었다. 특히 자녀나 부모 모두 명문 대학을 목표로 삼음으로써 경쟁이 과열되었다. 꼭 명문 대학이 아니더라도 한 단계라도 높은 수준의 학력을 가지려고 부모나 자녀가 모두 노력한 이유는 고학력자가 사회에서 유리한 인생을 살 수 있다고 믿었기 때문이다. 이것을 학력주의 또는 능력주의라 불러도 좋을 것이다. 일본은 아직도 이런 특징을 보이고 있다.

학력주의에서는 명문 고등학교-명문 대학-일류 기업 또는 중앙 관청으로 연결되는 인생 행로를 가장 좋아한다. 그렇지만 이러한 노선에 탑승할 수 있는 사람은 소수다. 따라서 명문 고등학교나 명문 대학, 일류 회사, 중앙 관청은 아니라 해도 되도록 괜찮은 고등학교-괜찮은 대학-괜찮은 수준의 기업이나 관청이라는 차선의 노선에라도 탑승하려는 풍조가 사회에 만연되어 있었다. 이를 '단선형 인생 행로'라 부르자. 많은 일본인이 이 단선형 인생 행로를 목표로 경쟁하고 있는 것이다.

물론 이러한 단선형 인생 행로가 아닌 다른 인생 행로를 목표로 하는 사람도 있다. 회사원이나 공무원 이외에도 의사, 상인, 농업, 교사, 예술가, 스포츠 선수 등과 같은 다양한 직업이 있는 것이다. 그렇지만 이 중에서 의사나 교사 등은 대학 졸업, 곧 고학력을 필요로 하므로 단선형에 가깝다. 또 본래 고학력을 필요로 하는 직업을

목표로 하지는 않는다 해도 고학력은 자신감을 가지게 하는 장점이
있기 때문에 고학력을 목표로 하기도 할 것이다.

4) 학력과 콤플렉스

자신감 넘치는 인생을 살려면 콤플렉스가 없어야 한다. 그런데 학
력은 콤플렉스 대상이 되기 쉽다. 결혼을 예로 들어 보면 이를 쉽게
이해할 수 있다. 결혼 상대를 정할 때 학력이 큰 영향을 미친다는 것
을 실감할 것이다. 고등학교 졸업자끼리, 대학교 졸업자끼리 혹은
명문 대학 출신자끼리 동등한 학력을 가진 남녀가 결혼하는 경우가
많음은 일본뿐만 아니라 모든 국가에서 볼 수 있는 현상이다.

학력 차이가 너무 크면 상대에게 콤플렉스를 느끼게 된다. 특히
일본에서는 남성이 여성보다 학력이 낮을 경우 콤플렉스를 더 강하
게 느끼는 경향이 있다. 이에 비해 지금은 남녀 간의 학력 차가 급속
히 줄어들었지만, 한때는 고학력, 고수입, 고신장(큰 키)이라는 이른
바 '3고'를 갖춘 남성을 결혼 상대로 원하는 등 자기보다 높은 학력
을 요구하는 적극적인 성향을 보인 여성들이 많은 때도 있었다.

같은 학력끼리 결혼하는 경우가 많은 이유는 학교와 직장에서 서
로 알고 지낼 기회가 많기 때문이라고 볼 수도 있다. 그렇다면 학력
차가 직업을 규정짓고 같은 학력끼리 결혼하는 것은 콤플렉스와는
또 다른 측면에서 교육양극화의 문제를 뒷받침하게 된다.[17]

---

17 역주: 콤플렉스 때문에 다른 학력 소유자와 결혼하지 않는 측면도 있겠지만, 생활하는
   환경에 따라 동등한 학력자끼리 자연스럽게 결혼하게 되는 측면도 있다는 의미로 해석
   할 수 있겠다.

학력 콤플렉스에 관한 다른 예를 들어 보자. 앞에서 제시한 바 있는 부모와 자식 간의 '학력 하강 회피설'과 '명문도 상승 희망설'이 그것이다. 자녀의 학력이 부모 자신의 학력보다 낮아지지 않게 하거나 자신의 학력보다 더 좋은 학력을 획득하도록 하려는 욕구를 그 보기로 들 수 있다. 특히 부모가 학력 때문에 고통을 겪은 경우에는 자녀에게는 그것을 물려 주지 않으려는 욕구가 더욱 강한데, 이는 부모의 학력 콤플렉스가 작용하기 때문이다.

그렇지만 다음과 같은 점을 짚고 넘어가야 한다. 즉, 학력이란 가치 기준에 있어서 하나의 변수에 지나지 않는다는 것이다. 인간에게는 모습, 성격, 손재주, 예술적 재능, 재산, 가문, 가족 등 무수한 가치 기준이 있다. 따라서 학력만으로 그 사람의 가치를 평가하는 것은 너무 단편적이다. 효과적인 삶을 사느냐 하는 것은 학력의 고저만으로 판단할 일이 아니다. 저학력자라 해도 다른 가치 기준에서 남보다 잘하는 분야를 살리면 그 사람 나름대로 바람직한 인생을 보낼 수 있으며, 반대로 학력이 좋더라도 행복한 인생을 살지 못하는 경우도 있기 때문이다.

오카노 마사유키(岡野雅行)의 『학교 공부만으로는 먹고 살 수 없다(学校の勉強だけではメシは食えない!)』(2007)라는 귀중한 보고서를 예로 들어 보자. 오카노는 초등학교를 나왔지만 금속 프레스 가공 분야에서 세계적인 권위자다. 종업원 몇 명을 둔 작은 마을 공장의 경영자이지만, 기술력은 NASA에서도 인정하는 등 세계의 주목을 받고 있다. 그 제목에서도 알 수 있듯이, 오카노는 학교 공부, 곧 학력(學歷)만으로는 배울 수 없는 중요한 무엇을 주장하고 있다.

제 3 장

학교교육의 발전과 양극화

일본에서 초등학교와 중학교는 공립학교가 주를 이루고 있고, 고등학교는 사립학교가 전체의 20% 정도가 되며, 대학은 사립학교가 주를 이루고 있다. 일본에서는 공립학교와 사립학교 간의 격차가 커지고 있는데, 특히 의무교육 단계에서부터 여러 가지 문제가 초래되고 있다.

이 장에서는 먼저 교육의 목적과 방법 등에서 학교교육이 어떻게 발전되어 왔는지를 살펴본 다음, 공립학교와 사립학교 간에 어떤 차이가 발생하고 있으며, 이 차이가 어떤 문제를 일으키고 있는지를 구체적으로 살펴볼 것이다. 이어서 이러한 분석에 기초하여 사회적 지위가 높은 직업을 가질 수 있는 학력 코스, 곧 명문 대학에 입학하는 과정이 어떻게 이루어지고 있는지를 탐색할 것이다.

1. 교육의 목적과 방법의 변화

교육의 목적은 기본적으로 다음과 같은 두 가지 목적과 관련된다. 하나는 인간이 살아가기 위해서는 어떤 형태로든 일을 해서 소득을 가져야 한다는 것이다. 이를 업무 수행으로 이해하면, 교육을 받음으로써 지식과 기능을 습득하여 업무를 능률적으로 할 수 있게 하는 것이다. 다른 하나는 인간이 살아가면서 법을 지키거나 다른 사람에게 피해를 주지 않는 등 사회와 타인을 대하는 방법을 교육을 통해 배워서 보다 나은 가치관과 사회관, 도덕관을 가질 수 있게 하는 것이다. 이 두 가지 목적을 이루기 위해 인간은 어떤 교육방법을 구상해 왔을까?

1) 일본 교육의 전개

(1) 개인지도로 출발한 일본 교육

18세기까지 일본의 에도(江戸)시대(1603~1867)에 행해진 서당(藩校)식 교육방법은 유럽처럼 개인지도가 원칙이었다. 교사는 학생이 찾아오면 개인적으로 가르쳤다. 유럽의 귀족 가정에서 가정교사를 고용해 자녀를 개인적으로 가르쳤듯이, 일본의 무사 가정에서도 승려에게 개인적인 가르침을 받게 한 것이 대부분이었다. 어찌됐건 상류 계층이든 서민 계층이든 교사와 학생 간의 일대일 교육이 주류였다.

이러한 개인교육을 상징적으로 말해 주는 대표적인 고전이 "자연으로 돌아가라."라는 말로 너무나 유명한 루소(J. J. Rousseau)의 『에밀(*Emile*)』(1762)이다. 이는 고아 에밀을 시골로 데려와 가정교사에게 가르침을 받고 자라게 하면서 어른이 되어 가는 모습을 소설 형태로 쓴 작품이다. 교육에 의해 인간이 정신적으로 성장하는 과정을 그린 것이다. 루소는 교육에는 '자연교육' '인간교육' '물질교육'의 세 가지 종류가 있다고 했다. 루소는 이 중에서 자연교육이 아이에게 가장 가치 있다고 했다. 지식과 덕을 가르치되 서두르지 말고, "교육하지 말라."라는 말로 대표되듯이 자연 속에서 다양하게 체험을 하면서 감각으로 스스로 배우게 하는 방법이 이상적이라고 생각했다. 루소의 교육론에는 학교도 없고 구체적인 교육방법도 없다.

루소의 『에밀』에 자극받은 사람이 칸트(I. Kant)다. 칸트도 구체적인 교육방법론을 전개하지 않고, 자립 인간을 육성하기 위해서 교육이 중요하다는 교육의 본질론을 설파하고 있다. 타인에게 배워서 행동하는 것이 아니라, 자신의 생각에 기초해서 스스로 의사결정을 할 수 있게 하기 위해 교육의 역할이 크다고 생각한 것이다.

(2) 일제수업으로 발전

유럽이나 일본에서 개인교육이 주류를 이루다 학교교육이 등장하게 된다. 일본에서는 에도시대에 서당이 설립되어 중·고등교육의 선구적 형태가 이루어졌다. 유럽에서는 19세기에 초등교육이 보급되고 19세기 후반부터 20세기에 걸쳐 중·고등교육이 보급되어 학교교육이 본격화되었다. 일본에서는 1885년 메이지(明治) 정부의 초대 문부장관 모리 아리노리(森有札)가 취임하고, 초등학교부터 대학교를 법률로 규정함으로써 본격적인 학교교육이 시작되었다.

히로타 쇼코(廣田照幸)는 『휴머니티즈 교육학(ヒューマニティーズ 教育学)』(2009)에서 일본의 학교교육이 널리 보급·확대된 이유로 다음 세 가지를 들고 있다. 첫째, 문자 보급으로 교육하기가 쉬워졌고, 둘째, 신분사회에서 계급사회로 바뀌면서 노력과 재능으로 계급을 바꿀 수 있게 되고, 교육이 그 역할을 담당하게 되었으며, 셋째, 국민국가가 형성되어 국가가 학교교육 보급에 주력하게 되었다는 것이다. 이러한 설명 방식은 유럽에서의 공교육 전개 과정을 설명한 것이라 할 수 있지만, 일본의 메이지시대(1868~1912)의 교육 정비도 같은 방식으로 설명할 수 있다.

그렇지만 경제학적 관점에서 볼 때 학교교육이 보급된 이유는 18~19세기에 영국을 선두로 유럽 여러 나라에서 산업혁명이 일어나게 되면서 산업 발전에 기여할 인재가 많이 필요하게 되었기 때문이라고 볼 수 있다. 미숙련 근로자에게도 읽기, 쓰기, 계산 등의 기초 학력(學力)이 요구되었고, 기술자와 숙련 근로자에게는 높은 교육 수준이 필요했기 때문에 다수의 국민을 교육할 필요성이 높아진 것이다.

일본도 메이지시대에 접어들어 식산흥업(殖産興業)을 국시(國是)로 삼으면서 경제 발전에 공헌할 다수의 국민을 양성할 필요가 생겼다. 모리 아리노리는 1886년의 '소학교령'으로 국민의 의무교육을 준비하고, '사범학교령'으로 국비로 우수 교사를 양성하기 시작했다. 그리고 '제국대학령'으로 국가 지도자가 될 인재를 육성하려 했다. 일본도 전 국민의 학력(學力) 향상과 엘리트 육성이라는 두 가지 목적을 달성해서 경제를 강화하고자 했던 것이다.

이상에서 든 교육학적 관점과 경제학적 관점 외에도 학교교육의 확대에 관한 설명은 또 있다. 유럽이나 일본이 시민사회가 되면서 한 시민으로서의 사회생활과 지적인 생활을 할 수 있도록 문학, 예술, 역사, 사회, 지리, 도덕 등의 지식을 배우기를 원했다는 것이다. 이들 과목은 업무 생산성을 높이는 것은 아니지만, 양식 있는 시민 육성과 안정된 사회를 확보함으로써 간접적으로 국가 경제를 강화하는 데 공헌한다는 것이다. 국가와 사회가 불안정하면 결코 경제가 발전할 수 없다는 것인데, 이와 관련된 주장은 프랑스 사회학자 뒤르켕(E. Durkheim)의 『교육과 사회학(*Education and Sociology*)』 (1922)에 기원을 두고 있다.

이렇게 학교교육이 성행하면서 생겨난 큰 특징은 교실에서 한 교사가 많은 학생을 대상으로 교수, 연습, 실험을 가르치는 일제수업으로 바뀐 것이다. 이것을 일제교수법이라고 한다. 많은 학생을 지금까지와 같이 개인교수로 가르치려면 교사가 엄청나게 많이 필요하다. 교육비를 절약하기 위해서도 한 명의 교사와 다수의 학생을 가르치는 교육방법은 시대의 요청이기도 했다. 이 일제교수법은 오늘날 세계 각국에서 채택하고 있는 교육방법이 되었다.

2) 교사가 중요한가, 학습자가 중요한가

학교교육이 보급되자 어떻게 하면 교육을 잘할 수 있을 것인가에 대해서 교육 전문가들이 몇 가지 견해를 제시하였다. 그 대표적인 것으로 히로타의 『휴머니티즈 교육학』(2009)에 기초해서 스위스의 교육실천가 페스탈로치(J. H. Pestalozzi)와 독일의 철학자 헤르바르트(J. F. Herbart) 두 사람을 논하기로 하자.

페스탈로치는 가난한 농부의 자녀와 고아 교육을 직접 실천하면서 어떤 교수법이 바람직한지를 연구하였다. 아이의 심리적 · 지적 발달에 따른 가장 적절한 교수법은 생활에서 실감하면서 스스로 익히는 것이라고 생각했다. 창틀을 직접 보여 주고 사각형이라는 개념을 습득시키는 방법처럼, 생활 속에서 직접 획득하는 지식(직관)을 개념이나 언어에 연결하는 방법이다. 페스탈로치의 유명한 『게르투르투 아동교수법(*Wie Gertrud ihre kinden lehrt*)』(1801)은 이렇게 직관에 의한 교육방법을 주장한 고전적인 교육서다.

헤르바르트는 아동의 심리적 움직임에 주의하면서 가르치는 방법을 연구하였다. 그의 제자들은 이를 구체적인 교수법으로 발전시켰다. 이를 5단계 교수법이라 하는데, 예비→제시→비교→총괄→응용의 과정을 거친다. '예비' 단계에서는 교사가 재미있는 그림을 제시하거나 이야기를 해서 배운 지식을 지금까지 알고 있는 지식과 결합시킬 준비를 한다. '제시' 단계에서는 새로 배워야 할 사항을 제시해서 반복시키는데, 이렇게 해서 예비로부터 응용으로 인도해 가는 것이다. 이 5단계 교수법은 19세기 서구에서 중심적이었고 일본도 도입해서 지배적인 교수방법이 되었다.

여기서 말한 페스탈로치와 헤르바르트의 교수법은 학교에서의 실천을 전제로 한 것이다. 학교에서 읽기, 쓰기, 계산 등의 지식을 교사로부터 배우는 방법이 주류가 되었고, 그곳에서는 교과서가 사용되고 커리큘럼과 교사의 역할이 중요해졌다. 이들 교육사상은 학습자의 학습보다는 (교사에 의한 교육과 같은) 위로부터의 교육을 중시한 것이라 할 수 있다.

이를 비판한 사람이 미국의 듀이(J. Dewey)다. 그는 『학교와 사회 (The School and Society)』(1899)에서 배우는 측, 곧 학생을 중시한 다. 과거에 아동은 주로 가정이나 사회에서 실생활을 체험하면서 배 웠는데, 위로부터의 교육(교사에 의한 교육)이 강조되면서 아동들이 가정이나 사회에서의 경험이나 견문으로부터 배울 기회를 잃어버렸 다고 듀이는 보았다. 이는 아동이 일의 중요성과 의의를 배우지 못 하게 됨을 비판한 것이라 할 수 있다. 그리하여 듀이는 학교에 목공, 요리, 실험 등의 작업 활동을 도입해 학생들이 직접 체험하는 교육 방법을 주장하였다.

듀이의 이러한 비판은 지식 중심의 학교교육 그리고 위로부터의 교육에 대한 것이라 할 수 있다. 교사로부터 수동적으로 배울 것이 아니라 학생 스스로 능동적으로 배우는 것이 중요하다는 것이다. 페 스탈로치와 헤르바르트로부터 유래한 위로부터의 교육과 듀이로부 터 유래한 체험하면서 배우는 교육은 현대의 교육방법에서도 중요 하게 양립하고 있다.

3) 교육경제학적 관점

(1) 초기

산업혁명 시기에 근로자의 질을 향상시키기 위해 교육의 역할이 요구되었다는 것을 언급하였지만, 경제학자들이 이에 관한 이론적, 실증적 논의를 본격적으로 시작한 것은 제2차 세계대전 후의 일이 다. 바로 '인적자본론'과 '선별(選別)이론'이 그 핵심에 있다. 물론 경제학의 시조 애덤 스미스(Adam Smith)는 『국부론(The Wealth of

Nations)』(1776)에서 국가가 개입하지 않고 시장의 거래와 생산을
자유에 맡겨 두는 것이 자본주의에서는 가장 바람직하다고 주장한
바 있다. 이는 고전파 경제사상 또는 시장원리주의의 선구라 할 수
있다.

18세기 후반은 산업혁명의 여명기로, 대다수의 근로자는 단순노
동에 종사하였다. 따라서 그들은 읽기, 쓰기, 계산 등 최소한의 교육
만 받으면 된다고 생각했고, 전 국민을 대대적으로 교육해야 한다고
는 생각하지 않았다. 교육을 통해 근로자의 생산성을 높이는 일에는
관심이 없었다. 그러다 기계를 제작하고 신기술을 발명하기 위해서
는 고도의 교육이 필요하다는 생각이 나타났다.

그렇지만 나는 스미스가 『국부론』 이전에 출판한 『도덕감정론
(The Theory of Moral Sentiments)』(1759)에서 인간의 생산 활동에
서 예의, 질서, 도덕이 겸비되어야 조직이 제대로 기능한다고 주장
한 것을 더 큰 공헌으로 보고 싶다. 좋은 인간관계를 유지해야 생산
활동도 효율적이며, 그렇지 못하면 생산 활동이 제대로 이루어지지
않는다는 것이다. 이런 생각에 따라 현대 기업도 조직이 경직되지
않기 위해 구성원들의 현명한 행동이나 조화를 중시하는 것이다. 나
아가 스미스가 상거래나 무역거래에서 상대방을 속이거나 부정 행
위를 해서 거액의 돈을 착취하는 부도덕이 사회에서 없어져야 한다
고 선구적으로 말한 것이 벌써 200년 전이었다는 점을 주목할 필요
가 있다.

그 후 신고전파 경제학의 중심에 있는 알프레드 마샬(Alfred
Marshall)은 『경제학원론(Pinciples of Economics)』(1890)에서 교육
투자가 사람들의 생산성을 향상시킨다고 주장했다. 그는 교육을 받

는 것이 청소년이므로 가족의 역할이 크다고 주장하였다. 이는 숙련 근로자와 비숙련 근로자 중에서 비숙련 근로자에 대한 교육·훈련의 중요성을 말한 것이다. 그렇게 하면 비숙련 근로자가 저임금이나 빈곤에 시달리지 않고 근로 의욕이 높아질 것으로 보았다. 이것이 기업의 활력을 높이고 국가의 경제도 공고히 한다고 생각했던 것이다.

덧붙여 말하면, 마샬은 오늘날로 치면 의무교육의 필요성을 언급한 것이다. 당시는 아직 모든 아동에게 교육을 실시하지 않던 때였는데, 이러한 마샬의 생각은 1945년 이후 교육의 경제학 또는 인적자본론이 개화되는 선구가 되었다.

(2) 인적자본론과 선별 이론

제2차 세계대전 후 테오도르 슐츠(Theodore W. Schultz), 게리 베커(Gerry Becker), 마이클 스펜스(Michael Spence) 등이 노벨경제학상을 수상한 데서 알 수 있듯이, 인적자본론과 선별 이론이 경제학에서 중요한 위치를 차지하게 되었다. 이 책에서는 이들 이론을 간단히 살피기로 한다.

인적자본론은 학교교육과 기업에서 직업훈련을 받으면 근로 생산성이 높아진다고 보는 이론이다. 생산성이 높아지면 그 보상으로 고임금을 받을 수 있는데, 고임금을 원한다면 교육투자를 하면 가능하다는 것이다. 선별 이론은 기업이나 관공서가 사람을 채용할 때나 누군가를 조직에서 승진시키고자 할 때 후보자의 학력을 유력한 선별 자료로 활용한다는 이론이다. 예를 들면, 도쿄대학 출신이면 두뇌가 좋고 입시 공부를 열심히 했으니까 일도 잘하고 열심히 할 것이라고 판단하는 것이다.

야노 마사카즈(矢野眞和)는 『교육사회의 설계(教育社会の設計)』
(2001)에서 대다수의 교육학자가 인적자본론과 교육투자 이론을 무
시해 왔다고 비판하고 있다. 공학부 출신인 야노는 생산과 경제 활
동을 잘 알고 있던 교육학자였다. 그래서 그는 교육을 경제학적으로
분석하는 데 친근감을 느꼈을 것이다.

그러나 교육학자들은 이러한 경제학의 인적자본론과 선별 이론을
회의적인 시각으로 보는 것이 지배적이다. 히로타의 『휴머니티즈
교육학』은 재계나 경제학자가 교육을 근로자의 생산성을 높이는 가
장 핵심적인 수단으로 보고 있다고 비판하고 있다. 교육학자는 교육
으로 좋은 직업과 고소득을 얻는다는 데 선뜻 동의하지 않는 것 같
다. 이는 교육의 본질이 인간성을 높이는 데 있다고 보기 때문이라
생각한다.

경제학자는 경제 활성화를 꾀하기 위해 교육투자가 필요하다는
것에만 관심을 두는 것 같고, 교육학자는 이에 대해 회의적인 눈초리
를 보내는 것 같다. 이 두 측면 모두 중요하지만, 둘을 동시에 달성하
기는 어렵기 때문에 어느 한쪽을 택할 수밖에 없을 것이다.

교육격차 때문에 소득격차가 확대된다는 경제학자들의 주장에도
몇 가지 다른 견해가 있다. 교육격차에 따라 소득격차가 확대되어도
상관없다는 견해도 있는데, 이는 소득양극화 자체를 줄이는 정책은
얼마든지 있으며 그것이 불가능하면 세금이나 사회보장 등의 재분
배 정책을 엄격하게 실행하면 된다고 보는 것이다.

일본 국민의 교육 수준이 높아지면 일본의 평균적인 생산성이 높
아질 것이기 때문에, 글로벌 경제 전쟁에서 일본만이 뒤처지지 않기
위해서도 교육은 중요하다. 히로타가 우려하듯이 경쟁 만능에 빠지

는 것에 대해 나 역시 반대한다. 따라서 나는 경제 효율과 공평성이라는 두 가지를 모두 충족시키는 교육을 모색하는 것이 교육학과 경제학의 접점이라고 생각한다.

2. 공립학교인가, 사립학교인가

일본의 학교에는 공립과 사립이 있다. 왜 이처럼 두 가지 종류의 학교가 존재하는지, 어떤 사람이 어떤 학교를 선택하고 있는지, 그리고 이들 학교 간의 차이가 교육 효과에서 어떤 차이를 보이는지를 살펴볼 필요가 있을 것이다. 여기서는 이러한 문제의식에서 공립학교와 사립학교의 차이에 주목하고자 한다. 공립학교나 사립학교라는 새로운 교육양극화가 나타나고 있음을 따져 볼 것이다.

1) 교육은 공공재인가 사유재인가

돈으로 물건이나 서비스를 구입하고 소비할 때, 이를 크게 사유재와 공공재 둘로 나누어 살펴볼 수 있다. 사유재는 자기의 돈으로 물건이나 서비스를 구입하고 소비하는 것으로 식료품, 의복, 자동차를 구입하거나 소비하는 일을 그 예로 들 수 있다. 사유재는 특정한 사람이 자신의 비용을 부담해서 구입하고 그 사람만이 만족을 얻는 것이다.[1] 한편, 공공재는 사람들이 낸 세금을 재원으로 해서 물건과 서

---

1 역주: 이 문장은 다음 문단에 나오나 문맥의 흐름상 여기에 넣는 것이 더 좋을 것 같아 이곳으로 옮겼다.

비스를 공적으로 제공하는 것이다. 공공재는 도로, 다리, 의무교육을 위한 공립학교, 군사, 외교 등 물건을 필요로 하거나 소비하는 대상이 불특정 다수다. 여기서 중요한 것은 공공재를 필요로 하는 불특정 다수가 누구인지 모르는 익명성을 지닌다는 점이다.

세상에는 무수한 종류의 재화와 서비스가 있어 공공재라 할 수도 없고 사유재라 할 수도 없는 것이 있다. 경제학에서는 이러한 것을 준공공재라 부른다. 한 사람의 소비자와 공공부문이 공동으로 비용을 부담하는 재화 또는 서비스로서, 구입자는 특정한 개인이 되는 경우가 많다. 알기 쉬운 예로 국립대학을 들 수 있다. 학비는 개인이 부담하지만 등록금만으로는 대학 경영이 불가능하므로 국비가 투입되는 형태다. 이에 비해 사립대학은 등록금이 국립대학보다 비싸며 사유재적 성격이 더 강하다. 그렇지만 사립대학이나 사립 고등학교에 사학 조성금과 같은 국비가 지원되기 때문에 준공공재적 성격을 지닌다고도 할 수 있다. 국립과 사립 간의 차이는 준공공재로서의 성질 내지는 그 정도의 차이에 있다고 할 수 있다.

초·중학교는 의무교육이므로 학생이 학교 운용비를 부담하지 않는다. 학용품, 급식 등만 부담하고 등록금은 내지 않기 때문에 초·중학교의 비용은 공공재로 보아도 좋다. 그렇지만 이는 공립 초·중학교만 해당된다. 사립 초·중학교는 상당한 등록금을 내야 하므로 사유재적 특성이 더 강하다. 이렇게 교육을 이해하면 공립 초·중학교교육이 공공재이고, 사립 초·중학교는 사유재의 색채가 짙으며, 고등학교와 대학교는 준공공재가 된다.

2) 공립학교의 존재 의의

19세기 들어 일본에서는 학교교육이 본격화되었는데, 당시의 설립 주체는 대부분 사학이었다. 1858년 후쿠자와 유키치(福澤諭吉)가 세운 게이오기주쿠(慶應義塾)는 사학의 시초가 되었다. 그전에도 서당이 있었지만, 게이오기주쿠가 학생한테 등록금을 징수하기 시작했다는 점이 중요하다. 서당은 후원자나 지방 성주의 지원으로 학교가 운영되었는데, 학교가 등록금을 징수한다는 것은 이러한 학교교육이 우선은 사유재로 시작되었다고 이해할 수 있다.

교육은 사유재가 아닌 공공재이어야 한다고 주장하면서 공립학교의 의의를 주장한 사람은 프랑스 혁명기의 사상가 콩도르세(M. J. A. N. C. Condorcet)로, "공교육은 시민에 대한 사회의 의무"라고 말함으로써 공교육의 사상적 근거가 되었다. 이 사상을 일본의 메이지시대 초대 문부장관이었던 모리 아리노리가 받아들여 초등학교를 의무 교육화하고 학비를 무상으로 하였고, 이에 모리는 이 분야에서 공적을 이룬 셈이다. 이처럼 초등학교 교육을 실시함으로써 일본은 교육국가가 되었고, 국민 대다수에게 읽기, 쓰기, 계산 등의 지식을 습득시켜 후에 그것이 일본 경제 발전의 초석이 되었음은 특필해도 좋을 것이다.

이러한 초등학교 의무교육 제도는 1945년 이후에도 지속되었다. 그 뒤의 교육개혁에 따라 새롭게 중학교가 창설되고 초등학교 6년, 중학교 3년의 의무교육이 실시되어 현재 60여 년의 역사를 가지게 되었다. 최근 공교육의 학력(學力) 저하 등의 다양한 문제가 지적되고는 있지만, 공립학교에 의한 의무교육은 잘 이루어지고 있다고 할 수 있다.

제2차 세계대전 전에도 구제(舊制)의 중학교, 실업학교, 고등학교, 대학교 등이 공립학교로서 중·고등교육을 담당해 왔지만 현재만큼 보급되지는 않았다. 그러나 당시의 중·고등교육 기관은 공립학교가 중심이었던 데 비해 현재는 사립학교가 상당히 큰 역할을 담당하고 있음을 지적해 둘 필요가 있다. 오늘날 약 80%의 대학생이 사립대학을 다니고 있다는 것이 이를 나타내고 있다.

3) 초·중학교는 공립, 고등학교와 대학교는 사립

일본의 초·중학교 교육은 주로 공립학교가 맡고 있고, 고등학교로 갈수록 사립학교 의존도가 높아지며, 대학교로 가면 그 의존도는 더 증가한다. 이것이 일본 학교교육의 특징이다. 즉, 의무교육은 주로 공립학교이고 그보다 높은 단계의 교육은 사립학교에 의존하고 있다. 공립학교는 국민의 세금으로 운영되기 때문에 사학처럼 독자적인 건학 이념에 근거해서 독특한 교육을 실시하는 것이 허락되지 않는다. 공립 초·중학교는 모든 학생에게 최소한의 학력(學力)을 갖추도록 하는 것을 가장 중요한 목표로 삼고 있으며, 이것이 의무교육의 목적이다. 따라서 우수한 학생의 학업성적을 더 신장시키는 일이나 학교 간 양극화 현상이 생기는 문제에 신경을 쓰지 않는다. 이를 확실히 하기 위해서 한 지역(또는 한 학군)에 하나의 학구제(學區制)를 취하고 있다.

그러나 의무교육 단계가 아닌 고등학교나 대학에서는 국·공립이라 해도 학교 간의 격차가 크다. 고등학교는 지방정부에 따라 제도

가 다르며, 교토 일부처럼 매우 좁은 범위의 학구제를 취하는 경우
도 있고, 30~40년 전의 도쿄처럼 중(中)학구제의 경우도 있다. 극
단적인 경우로는 하나의 도(縣) 내에서 어떤 고등학교에나 진학 가
능한 대(大)학구제도 있다. 학구제의 지역이나 범위가 넓어지면 그
학구에 많은 고등학교가 있게 되고, 고등학교 간 격차가 커지는 것
은 당연하다.

  일본의 대학은 어느 국·공립대학이나 사립대학에도 진학이 가
능한 초대(超大)학구제이므로 대학 간 격차가 심하다. 그렇다고 이
를 비난하는 사람은 거의 없다. 대부분의 국가가 일본과 유사한 제
도를 취하고 있고, 독일만 예외다. 독일은 지방분권이 진행되어 교
육을 국가가 아닌 주정부가 관리하고 있으며, 주정부가 징수하는
세금으로 학교가 설립·운영되고 있다. 따라서 대학은 대다수가 주
립대학이며, 주 내에 살고 있는 학생이 그 주의 대학에 진학하는 것
이 보통이다. 주 내의 대학 간에 약간의 차이는 있지만, 여러 주를
비교할 때 대학 간 차이가 크게 생기지 않을 것이란 것은 쉽게 상상
할 수 있다.

4) 의무교육 단계에서 사립학교의 의미

  초등학교와 중학교에서 공립학교는 학구제를 채택하고 있다. 따
라서 그 지역에 사는 여러 가정의 학생이 같이 다니게 된다. 소득이
높은 가정의 자녀나 소득이 낮은 가정의 자녀, 공부를 잘하는 학생
이나 공부를 못하는 학생 등 다양한 학생으로 이루어진다. 공립학교
는 특정 학생만을 위한 질 높은 교육을 할 수가 없으며, 반대로 학업

성적이 낮은 학생만을 위한 특별교육을 하기도 쉽지 않다.

나는 이러한 공립학교의 성격은 나쁘지 않다고 본다. 초·중학교 단계에서는 부잣집 자녀나 가난한 집 자녀, 공부를 잘하는 학생이나 그렇지 못한 학생, 얌전한 학생이나 활발하고 생기 넘치는 학생, 체력이 강한 학생이나 약한 학생 등 다양한 반 친구들 속에서 자라면 인간 사회의 축소판을 어릴 때부터 체험하게 될 것이고, 이는 아이의 인격 형성에 소중한 체험이 되리라고 생각하기 때문이다. 만약 부유층 자녀만으로 구성된 초등학교라면 이 세상에 가난한 사람이 있다는 것을 생각하지 못할 수도 있다. 어른이 되면 누구나 세상에 가난한 사람이 존재한다는 것을 알게 되므로 어릴 때부터 그것을 구태여 알 필요는 없다고 반론할 수도 있을 것이다. 그러나 어릴 적에 직접 체험하는 것이 훨씬 그 영향력이 강하고 현실성 있게 받아들여질 것이다. 머리가 좋은 학생과 그렇지 못한 학생이 가지는 공동 체험도 어릴 적에는 귀중한 경험이 될 것이다.

그러나 공립학교가 지니는 그러한 장점에는 관심이 없는 가정이 늘어나고 있다. 초등학교부터 사립학교에 보내려 한다는 점과 중학교부터는 국·사립 중·고등학교 통합학교가 인기가 있다는 점에서 알 수 있듯이, 사립학교에 다니는 학생이 증가하고 있기 때문이다. [그림 3-1]의 국·사립 중학교 재학률 추이를 보면 최근에 국·사립 중학교에 다니는 학생의 비율이 급상승하고 있음을 알 수 있다. 국립 중학교의 비율은 작기 때문에 이 그림의 대다수는 사립 중학교라 보면 된다. 공립 초·중학교에 다니면 학비는 무상이지만, 사립 초등학교에 다니면 100만 엔 이상의 학비를 내야 하고, 사립 중학교도 50~70만 엔의 학비를 내야 한다. 경제적으로 볼 때 사립학교에 다

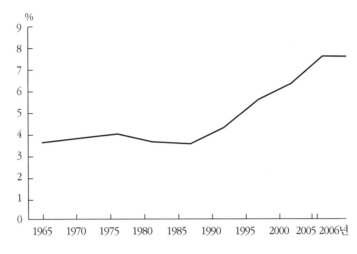

[그림 3-1] 국·사립 중학교 재학률 추이

출처: 文部科学省〈学校基本調査(학교기본조사)〉; 西丸良一「国·私立中学校の学歷達
　　成効果(국·사립 중학교 학력 달성 효과)」米澤彰純編『教育達成の構造』2005年
　　SSM 調査研究会, 2008年

니는 것보다는 공립학교에 다니는 것이 합리적이다.

　그럼에도 왜 사립학교에 다니는 학생이 증가하고 있는 것일까? 일
반적으로 공립학교에 대한 불만이 강하다는 것과 사립학교에 자녀
를 다니게 할 정도의 경제력이 되는 가정이 있다는 것을 그 이유로
들 수 있다. 전자에 관한 배경으로는 공립학교의 학력 저하, 따돌림,
등교 거부 등의 문제가 많다는 언론 보도와 부모의 걱정이 늘어났다
는 점을 들 수 있다. 후자에 관해서는 고소득 가정, 특히 연간 수입
이 1,000만 엔 이상이 되는 가정의 자녀가 사립학교, 특히 사립 초
등학교에 다니는 경향이 있다는 것을 들 수 있다.

　여기에서 사립 초·중학교에 두 가지 종류의 학교가 있다는 것을
잘 알아둘 필요가 있다. 하나는 사립대학 병설 학교다. 초등학교부

터 대학교까지 일관된 제도 속에 놓여 있는 학교로, 초등학교에 입학한 학생 대부분이 그 대학교까지 다닌다. 대표적으로 게이오기주쿠를 들 수 있다. 도쿄에는 아오야마(靑山)학원, 세이조(成城)학원, 각슈인(學習園) 등의 초등학교가 있고, 칸사이(關西)에는 칸사이대학, 칸사이학원대학, 도시샤(同志社)대학, 리츠메이칸(立命館)대학의 부속 초등학교가 있다. 다른 형태의 학교로는 명문 대학 진학을 목표로 하는 사립학교인 중·고일관교가 있다. 대표적인 학교로 도쿄의 카이세이(開成)나 아자부(麻布) 그리고 칸사이의 나다(灘) 등을 들 수 있다.

5) 공립 초·중학생과 사립 초·중학생의 성적 차이

의무교육 단계의 공립 초·중학교 학생과 사립 초·중학교 학생 사이에는 학업성적의 차이가 있을까? [그림 3-2]는 2007~2009년 전국의 초·중학생 전원을 대상으로 한 '전국학력테스트'(〈전국학력·학습상황조사(全國學力·學習狀況調査)〉) 결과를 공립과 사립으로 비교한 것이다. 국어와 산수, 수학의 기본 과목의 평균 득점을 나타낸 것인데, 이 그림에서 명확한 것은 사립 초·중학교 학생의 성적이 공립학교 학생의 성적보다 훨씬 높다는 점이다. 특히 중학생의 경우는 초등학생에 비해 사립학교의 성적이 공립학교의 성적보다 뚜렷이 높다.

사립학교의 성적이 공립학교의 성적보다 높은 이유는 무엇일까? 첫째로, 사립학교는 시험으로 입학생을 선발하지만, 공립학교는 그 학군에 사는 모든 학생을 입학시키기 때문에 출발점에서 학업성적

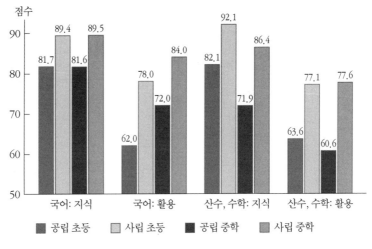

[그림 3-2] 공립, 사립 학교별 초·중학교 성적 비교

차이가 나기 때문이다. 둘째로, 2장에서 언급하였듯이 가정의 소득 양극화가 아동의 성적 차이에 영향을 주며, 학비가 많이 드는 사립 학교에 다닐 수 있는 아동은 경제적으로 풍요하고 학업성적이 좋기 때문이다. 셋째로, 특히 중학생의 경우는 중·고일관교 입학생의 경우 본인의 능력에 더해서 입학 전이나 재학 중에 학원이나 가정교사 등 과외를 받는 경우가 많아서 성적이 높으며, 그들의 높은 성적이 사립 중학교의 평균점을 올리기 때문이다.

6) 공립 고등학교와 사립 고등학교의 성적 차이

그런데 고등학교 단계에 이르면 전혀 다른 현상이 나타난다. 공립 학교 학생의 학업성적이 사립학교 학생의 학업성적보다 높다. [그림 3-3]은 OECD(경제협력개발기구) 회원국 학생의 학업성취도검사인

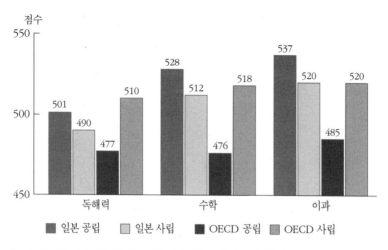

[그림 3-3] 일본과 OECD 국가의 공·사립 고등학생 성적(PISA 2006)

PISA의 독해력, 수학, 이과 세 과목의 성적에서 일본과 OECD가맹국 전체의 공립학교와 사립학교를 비교한 것이다. 이 그림에서 흥미로운 사실은 양자의 점수차가 별로 크지는 않지만 세 과목 모두 공립 고등학교 학생의 득점이 사립 고등학교 학생의 득점보다 높다는 점이다. 사립 초등학교와 사립 중학교에서는 사립학교가 공립학교보다 상당히 높다는 것과 비교하면 그 차이는 작다.

그렇다고는 하지만 왜 공립 고등학교의 성적이 사립 고등학교의 성적보다 높은 것일까? 첫째, 공립 고등학교는 거의 모든 지방자치제에서 중(中)학구제나 대(大)학구제를 채택하고 있어서 소(小)학구제가 적용되지 않으며, 학교 간의 격차가 있고 실력 있는 학생이 우수한 학교로 모이게 된다. 즉, 전국적으로 평가하면 우수한 학생이 공립학교 진학을 목표로 하고 있고, 질 높은 중·고일관교 사립 고등학교는 도쿄와 칸사이 정도에서만 두드러질 뿐이다. 둘째, 사립 고등학교보다 공립 고등학교가 학비가 싸기 때문에 많은 학생이 공립학교에 들어가려 하기 때문이다. 그렇지만 공립 고등학교에 들어갈 수 있는 정원은 한정되어 있으므로 공립 고등학교 입시에 실패한 학생이 사립학교로 들어가는 경우도 적지 않다. 따라서 사립 고등학교 학생의 실력은 공립학교 학생들보다 상대적으로 낮아진다.

이상의 내용을 다른 각도에서 보면, 고등학교의 경우는 공·사립 고등학교 모두 학교 간 격차가 심해진다. 우수한 학생을 모집하는 공·사립 고등학교가 있는가 하면 그렇지 않은 공·사립 고등학교도 있다. 그 원인은 극히 일부 지방자치제를 제외하고 공립 고등학교에서 소학구제가 폐지되었고, 고등학교 진학률이 95%를 넘었다고는 하지만 아직 의무교육이 아니어서 입학시험을 실시하고 있기 때문이다. 그리고 수준 있는 공·사립 고등학교는 모두 명문 대학에 되도록 많은 학생을 입학시키는 것을 큰 목표로 삼고 있기 때문이다.

[그림 3-3]에서 흥미로운 것은 일본과 OECD 국가를 비교할 때, 공립 고등학교의 성적과 사립 고등학교의 성적 간 차이가 역전되어 있다는 점이다. 즉, 일본에서는 공립 고등학교의 성적이 사립 고등학교의 성적보다 약간 높은 데 비해, OECD 국가에서는 사립 고등학교의 성적이 공립 고등학교의 성적보다 꽤 높다. OECD에는 다양한 국가가 가입되어 있기 때문에 공립 고등학교와 사립 고등학교의 차이를 일률적으로 말하기는 곤란하다. 그렇지만 영국의 사립학교(public schools)나 미국의 명문 사립학교(boarding schools) 등을 고려하면 사립학교 성적이 공립학교 성적보다 높은 한 가지 이유로 들 수 있을 것이다. 그러나 프랑스의 명문 리세(Lycee, 고등학교)는 주로 공립학교이므로 미국이나 영국과는 반대다.

7) 국·공립 대학교와 사립 대학교의 성적 차이

마지막으로 국·공립 대학교와 사립 대학교 간의 성적 차이를 알아보자. 대학교는 법률, 경제, 공학, 농학, 의학 등 많은 전공 과목이 있으므로 성적을 비교하기가 불가능에 가깝고, 설령 전공 과목을 공통으로 삼아 비교하려 해도 학생의 학업성적을 비교할 수 있는 통계자료가 존재하지 않는다. 그렇지만 대학생의 학업성적을 아는 간접적인 방법은 있다. 하나는 입학시험의 난이도로 그 성적을 추측하는 방법이고, 다른 하나는 공통의 국가시험(예: 사법시험이나 의사국가고시) 결과로 비교하는 방법이다.

전자와 관련해서는 수험생의 최대 관심사인 편차치[2]가 있으며, 대학이나 학부별로 입학 난이도가 나타나 있으므로 대충 짐작할 수 있다. 엄밀하게 말하면, 학부별 난이도가 다른 입시 과목 수와 과목 그 자체의 차이 등이 있어서 학업성적 차이를 정확하게 측정하는 일은 불가능에 가깝다. 따라서 여기서는 개략적으로만 살펴보기로 한다. 즉, 도쿄대학이나 교토대학 등의 구제(舊制) 대학과 히도츠바시 대학이나 도쿄 공업대학 등 일부 국립대학 학생의 학업성적은 상당히 높고, 다른 국립대학도 평균적으로 학업성적이 높다. 공립대학도 일반 국립대학 정도로 높다. 그 이유는 역사를 자랑하는 전통 있는 대학이 많고, 학비가 사립대학보다 싸기 때문에 지망자가 많이 몰려서 입시 수준이 높아지기 때문이다. 한편 와세다대학, 게이오대학,

---

2 역주: 일본에서 대학의 지명도를 상대적으로 표시하기 위해 산출한 수치로, 저자는 3장에서 편차치 60 이상의 명문 대학, 55 이상 60 미만의 중상위권 대학, 50 이상 55 미만의 중하위권 대학, 50 미만의 하위권 대학의 4개로 나누고 있다.

조오치(上智)대학의 세 사립대학을 필두로 한 입학하기 힘든 대학부 터 지원만 하면 전원이 입학 가능한 대학까지 포함되기 때문에 대학 간의 학력격차는 크다. 요약하면, 학업성적의 순서로는 국립, 공립, 사립 대학교 순이지만 대학이나 학부에 따라 예외가 많다.

8) 학업성적 격차의 요인은 무엇인가

앞에서 살펴보았듯이, 사립 초·중학생의 성적이 공립 초·중학 생의 성적보다 높은 데 비해, 고등학교나 대학교의 경우는 공립 고 등학생과 국·공립 대학생의 성적이 더 높다. 이와 관련하여 교사 1명당 학생 수가 어떤 영향을 주는지를 알아보자. 교사 1명당 학생 수가 적으면 교실에서의 교육이 보다 정밀하게 이루어질 것으로 예 상되어 학생들의 성적도 높아질 것이라는 가설을 세울 수 있기 때문 이다.

공립학교와 사립학교의 교원비가 어떻게 다른지를 나타낸 것이 [그림 3-4]다. 이 그림을 보면 초등학교, 중학교, 고등학교, 대학교 모두에서 공립학교가 사립학교보다 교원비가 적음을 알 수 있다. 교 사 1명당 학생 수의 경우 공립학교가 사립학교보다 적다. 교원비와 학생들의 성적 간의 관계에 관해 앞에서 든 가설이 맞는다면 공립학 교 학생의 성적이 사립학교 학생의 성적보다 높다고 생각할 수 있 다. 앞의 [그림 3-2]와 [그림 3-3]의 의미를 잘 음미하면 이 생각과 일치하는 것은 고등학교와 대학교뿐이고 초등학교와 중학교는 그 반대라는 것을 알 수 있다.

왜 초등학교와 중학교에서는 교사의 효과가 나타나지 않는 것일

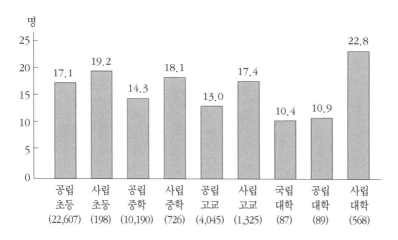

[그림 3-4] 교원 비율(교사 1인당 학생 수)

출처: 文部科學省 〈學校基本調查(학교기본조사)〉

까? 그 이유를 몇 가지 들 수 있다. 첫째, 이 그림에서는 교원의 질을
나타내지 않았다. 바꾸어 말하면, 교사가 가르치는 효율성을 알 수
없기 때문에 이 그림에는 한계가 있다. 사립학교에서는 높은 임금을
주고 수준 높은 교사를 확보하고 있을 가능성이 있고, 교사 1명당
수업시간이 적을 것이며, 특정 과목을 잘 가르치는 교사를 적절히
배치해서 그 과목의 성적을 높이고 있을지도 모른다. 이러한 것들을
증명하려면 더 구체적으로 살펴봐야 하는데 여기서는 이를 언급하
지 않기로 한다.

　둘째, 이미 언급했듯이 공립 초·중학교는 학구제여서 다양한 능
력과 성적을 가진 학생이 재학하고, 사립학교는 입학시험으로 선발
하기 때문에 평균적으로 학생의 질이 더 높다고 할 수 있다. 나아가
사립 초·중학생은 대학 진학을 목표로 하는 학생들이 많기 때문에
공립 초·중학생보다 더 열심히 공부한다는 점이다.

고등학교나 대학교의 경우 교원비가 적은 공립학교 쪽이 성적이 높다는 것은 효율적인 교육이 이루어지고 있다는 가설의 지지를 받는다고 말할 수 있다. 하지만 학생들의 질과 면학 의욕도 공립학교의 성적을 높이는 유력한 이유라는 것을 다시 한 번 지적해 둔다. 여기서 논한 것은 크든 작든 대학에서 공·사립학교 간의 성적 차이를 설명할 수 있다.

그러면 교원비가 우위인 공립 초·중학교에서 성적이 낮은 학생들을 어떻게 할 것인가에 대한 정책이 과제다. 능력, 성적이 저조한 학생들이 많은 공립학교이면 당연히 투입할 교사 수를 늘려서 교사 1명당 학생 수를 더 줄이고 교원의 질을 높이는 방법을 생각할 수 있다. 혹은 성적이 부진한 학생들을 따로 가르칠 수도 있다. 이들 안은 공적 교육비를 공립학교에 더 지출하는 안이다.

성적이 부진한 학생을 따로 교육하는 방법은 보충교육이라고 할 수 있다. 일본의 교육계는 일본교직원노동조합이 주축이 되어 월반과 유급을 포함한 보충교육에 뿌리 깊게 반대하고 있다. 아이를 학업성적으로 구분해서 다루는 것은 평등의 정신에 어긋난다고 생각하기 때문이다.

그러나 마르크스주의자인 미국의 정치학자 존 로머(John Roemer)는 성적이 부진한 아동을 따로 가르치는 것은 '교육의 기회평등'의 정신에 합치한다고 주장하고 있으며 어떤 의미로는 그것이 합리적인 생각이라고 생각한다. 성적이 부진한 아동의 성적이 높아지는 것은 아동 자신에게 의의가 있을 것이다. 다만 능력, 성적이 부진한 아동이 굴욕감을 느끼지 않도록 신경을 써야 할 것이고, 이런 점에서는 실행에 어려움이 따를 것이다. 따라서 실제로는 신중하게 접근해야 할 것이다.

9) 사립 중 · 고일관교

초 · 중학교의 경우 사립학교 학생이 공립학교 학생보다 성적이 낮다는 유력한 논거로 사립 중 · 고일관교로의 진학을 들 수 있다. 앞의 [그림 3-1]에서 보았듯이, 40년 전과 비교해서 국립, 사립 중학교 재학생은 최근 두 배로 늘었다. 국립 중학교는 공립학교 범주에 속하기 때문에 사립 중학교와는 다르지만, 그 학생 수가 사립 중학교보다 훨씬 적기 때문에 여기서는 사립 중 · 고일관교를 주로 논하기로 한다.

왜 사립 중 · 고일관교에 진학하는 비율이 높은가? 그 이유는 이들 학교가 대학 진학 실적에서 높은 성과를 나타내면서 인기가 높아졌기 때문이다. 가장 입학하기 어려운 도쿄대학 입학자 실적을 확인해 보자. 〈표 3-1〉은 과거 50년간의 입학생을 출신 고등학교별로 나타낸 것인데, 1960년을 보면 도립 고등학교가 상위를 차지하고 있음을 알 수 있다. 아자부, 나다, 카이세이의 사립 고등학교도 어느 정도의 졸업생을 도쿄대학에 보내고 있다.

그런데 1980년 들어 큰 변화를 보인다. 나다, 카이세이, 아자부가 상위를 차지하면서 다른 사립 고등학교도 상위에 얼굴을 내밀고 있다. 국립대학 부속고등학교(츠쿠바대학 부속 고마바, 가쿠게이다이 부속 등)도 꽤 상위에 속하므로 여기서는 국립 중 · 고일관교와 사립 중 · 고일관교가 다수의 도쿄대학 합격자를 배출하고 있다는 결론을 내릴 수 있다. 이러한 경향은 지금도 계속되고 있다. 이들 국립 중 ·

〈표 3-1〉 도쿄대학에 학생을 입학시킨 고등학교(상위 10개교) (단위: 명)					
1960년		1980년		2010년	
히비야(日比谷)	141	나다(灘)	131	카이세이(開成)	168
도야마(戶山)	120	카이세이(開成)	129	나다(灘)	102
니시(西)	100	즈쿠다이코마(築大駒)	107	즈쿠다이코마(築大駒)	93
신주쿠(新宿)	91	아자부(麻布)	106	아자부(麻布)	84
고이시카와(小石川)	83	라사르	104	오우인(櫻蔭)	66
교다이후(教大附)	58	가쿠게이다이후(學藝大附)	100	세이코(聖光)學院	65
료고쿠(兩國)	56	무사시(武藏)	77	고마바토호(駒場東邦)	61
아자부(麻布)	43	즈쿠자이후(築大附)	74	에이코(榮光)	57
나다(灘)	38	쇼난(湘南)	67	카이조(海城)	49
카이세이(開成)	37	우라와(浦和)	58	시부야마쿠하리(澁谷幕張)	47

고일관교와 사립 중·고일관교는 도쿄대학뿐만 아니라 다른 명문
대학의 입시에서도 높은 실적을 내고 있다.

　이렇게 국립 중·고일관교와 사립 중·고일관교가 대학입시에서
높은 실적을 내는 이유는 무엇일까? 몇몇 시·도(都道府縣)에서는
고등학교 간의 격차를 시정하기 위해 공립 고등학교에 종합선발제
를 도입하였는데, 그 대표적인 예가 1967년 도쿄에서 도입된 '학교
군제도(學校群制度)'다. 이것은 몇 개의 학교를 합해서 학교군(學校
群)을 만들고, 수험생들을 이 학교군 단위로 지원하게 해서 그 학교
군 내 학교들의 성적이 평균화되도록 합격자를 각 학교에 할당하는
제도다. 이 제도하에서는 공립 고등학교에 진학하고자 할 경우 자기
가 희망하는 학교에 반드시 갈 수 있는 것은 아니기 때문에, 질 높은
국립 고등학교와 사립 고등학교로의 지망이 높아질 수밖에 없다. 이
러한 국립 고등학교와 사립 고등학교는 중학교를 병설로 갖추고 있
어 중학교 때부터 이들 학교에 지망하는 학생이 증가하게 된다.

이들 중·고일관교에 병설된 중학교의 입시가 어려워지면서 더욱 실력 있는 학생이 입학하게 된다. 여기에다 이들 학교가 질 높은 교육을 하기 때문에 학생의 성적은 점점 더 좋아지게 된다. 이들 일관교에 들어가기 위해 많은 학생이 과외를 받게 되는 영향도 간과할 수 없다. 과외를 받음으로써 학교에서 배우는 교과목의 이해가 더 분명해지고, 학교에서 가르치지 않는 수준 높은 지식도 배운다. 그렇게 해서 과외를 받는 학생들은 과외를 받지 못한 학생보다 성적이 분명히 높아진다.

10) 사교육의 중요성 증대

이제 학원이나 가정교사에 의한 사교육[3]의 영향력을 살펴보자. 먼저 초등학생, 중학생, 고등학생이 어느 정도의 사교육을 받고 있는지를 보자. [그림 3-5]는 가계에서 사교육비 지출의 변화, 구체적으로는 가계에서 교육비 총액 중 사교육비가 차지하는 비율의 변화를 나타낸 것이다.

[그림 3-5]를 보면 1980년대 후반부터 현재까지 그 비율이 증가하고 있음을 알 수 있다. 그러나 공립 고등학교의 경우는 2000년 이후 약간 감소하고 있다. 이 그림에서 흥미로운 것은 공립 초등학생의 사교육비 비율이 50~70%로 가장 높다는 것이다. 엄밀히 말하면, 이 수치에는 피아노, 수영도 포함되어 있기 때문에 학원비만은 아니다. 그렇지만 초등학생의 사교육비는 중학교 수험 준비를 위해

---

3 역주: '학교 외 교육'이라는 말을 '사교육'으로 번역하였다.

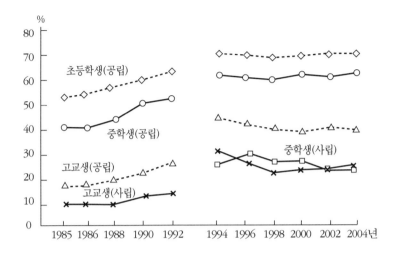

[그림 3-5] 가계 교육비 총액에 차지하는 사교육비 비율

주: 〈아동의 학습비 조사〉는 〈보호자가 지출한 교육비 조사〉의 후속 조사임. 중학생(사립
학교) 자료는 〈아동의 학습비 조사〉에 한함.

출처: 文部省〈保護者が支出した敎育費調査(보호자가 지출한 교육비 조사)〉(1985~1992年);
文部科學省〈子どもの學習費調査(아동의 학습비 조사)〉(1994~2004年); 都村聞人
"家計の学校外教育に影響を及ぼす要因の変化(가계의 과외교육에 영향을 미치는 요
인의 변화)" 中村高康編『階層社会の中の教育現象(계층사회 속의 교육현상)』2005年
SSM 調査研究会, 2008年

학원에 다니는 비용을 많이 포함하고 있음을 나타내는 것이다.

'나다(灘)학원' 중 사립 진학교로 유명한 나다고등학교를 조사했
는데, 재학생 전원이 입학 전에 학원에 다녔다고 한다. 국·사립
중·고일관교에 입학하기 위해서 학원에 다니는 것은 상식이라는
말을 관계자로부터 들은 바 있어 놀랄 일은 아니라고 생각한다.

공립 초등학생에 이어 사교육 비율이 높은 것은 공립 중학생이다.
그들은 고등학교 진학을 위해 학원이나 가정교사에게 과외를 받고
있다. 고등학생이 되면 공·사립학교 모두 사교육 비율은 낮아지지

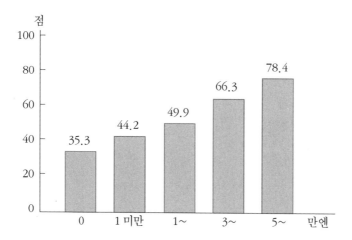

[그림 3-6] 1개월 사교육비 지출과 수학 성적 평균치

출처: 文部科学省 〈教育安心社会の実現に関する懇談会(교육 안심 사회의 실현에 관한 간
담회)〉報告書, 2009年

만 그래도 무시할 수 없는 수치다. 고등학생도 상당수 사교육을 받
고 있다. 나다고등학교의 경우 학생의 80%쯤이 과외를 받고 있어,
대학입시가 치열함을 다시 한 번 보여 주고 있다.

그러면 사교육비 지출이 학생들의 성적 향상에 도움이 되는 것일
까? 이를 보여 주는 것이 [그림 3-6]으로, 1개월 사교육비 지출 액수
와 성적 향상도의 관계를 나타낸 것이다. 1만 엔 미만, 1만 엔 이상,
3만 엔 이상, 5만 엔 이상으로 사교육비 지출이 증가함에 따라 점수
가 올라가고 있다. 5만 엔 이상의 사교육비 지출의 경우, 점수가
78.4점으로 사교육비 지출을 하지 않는 경우보다 두 배 이상의 좋은
성적을 보이고 있다. 이는 사교육비가 늘면 그만큼 학생들의 성적도
향상된다는 것을 확연히 보여 주는 것이라 할 수 있다. 다만 학원에
다니는 학생의 성적이 본래 높을 가능성도 배제할 수는 없음을 고려

해야 할 것이다.

가정 소득이 높아지면 사교육비 지출도 높아질 것이다. 경제산업성 경제산업정책국 자료를 보면, 소득, 학력(學歷), 사회적 지위에 따라 부모의 계층을 세 가지로 구분할 경우 초등학교 5, 6학년생이 학원에 다니는 확률은 하위권 계층이 36.1%, 중위권 계층이 47.0%, 상위권 계층이 50.8%다. 소득을 포함한 부모의 사회계층이 높을수록 학원에 다니는 비율도 높다는 것을 알 수 있다.

이 조사에서 흥미로운 점은 중위권 계층과 상위권 계층의 차이가 적다는 것인데, 중위권 계층이 자녀를 학원에 보내며 자녀 교육에 열성을 보이고 있음을 알 수 있다. 하위권 계층이 학원에 다니는 비율은 낮지만 그래도 30%를 넘어, 이 계층도 자녀에게 사교육을 시키려고 노력하고 있음을 알 수 있다.

이상의 내용을 정리하면 다음과 같다. 소득이 높은 가계일수록 학원 등의 사교육을 받게 하는 비율이 높기 때문에 그 자녀의 성적이 더 좋아진다. 이것은 가계 소득이 높을수록 자녀의 성적이 높아진다는 사실을 잘 설명하는 유력한 논거가 된다.

11) 지역 간 성적차가 주목받는 시대

지금까지 일본의 교육양극화 문제를 부모나 가정의 소득양극화가 학생의 성적에 미치는 영향, 이에 따른 대학교 진학률의 차이, 공립학교와 사립학교 간의 성적 차이 등을 중심으로 살펴보았다. 그렇지만 사실은 제2차 세계대전 전과 그 뒤 1960년대 무렵까지는 지역 간 성적 격차가 주된 쟁점이었다.

<표 3-2> 시·도별 중학생 학력검사의 최고와 최저의 차이

	국어	사회	수학	이과	영어
2학년	20점	18점	22점	18점	18점
3학년	22점	18점	22점	16점	20점

출처: 苅谷剛彦『教育と平等―大衆教育社会はいかに生成したか(교육과 평등―대중교육
　　사회는 어떻게 출현했는가?)』中公新書, 2009年

　　일본에서는 도쿄, 아이치, 오사카 등의 간토(關東), 도카이(東海)
나 칸사이(關西) 같은 대도시권과 그 외의 지방 간에 성적 격차가 크
게 존재했다. 카리야 다케히코(苅谷剛彦)는 『교육과 평등(教育と平
等)』(2009)에서 중학교 2, 3학년을 대상으로 실시된 1961년의 전국
일제학력검사 결과를 상세하게 보고하고 있다. 도별 이름은 명확히
나와 있지 않지만 도별 평균 성적차가 크다는 것이다. 〈표 3-2〉에
서 보듯이, 최고 평균점을 나타낸 도와 최저 평균점을 나타낸 도의
차이는 16점에서 22점까지로 상당한 성적차를 보이고 있다. 그는
도별 성적차가 큰 이유는 가정의 경제 조건, 학교 설비, 교원 수와
질의 차이 때문이라고 말하고 있다. 단적으로 부유한 도와 그렇지
못한 도 사이에 큰 성적차가 존재한다는 것이다.

　　이렇게 지역 간의 성적차가 큰 것을 심각한 문제로 보고, 문부성
은 이를 시정하기 위해 몇 가지의 중요한 정책적 조치를 취했다. 도
별 교육비 차이를 줄이기 위해서 의무교육비 국고부담제도를 도입
하고, 교원 수를 개선하거나 교원의 광역인사 등을 실시하였다. 카
리야 다케히코도 평가하고 있듯이, 이 개선책은 상당한 효과를 거두
었다.

　　1961년에 개시된 전국일제학력검사는 그 당시 교육계에 강력한

영향력을 가지고 있던 일본교직원노동조합의 반대로 1965년을 끝으로 중단되었다. 그 당시 문부성과 일본교직원노동조합의 대립은 최고조에 달했다. 일본교직원노동조합이 반대한 이유는 첫째, 경제계가 원하는 인재를 목표로 한 교육을 해서는 안 된다는 것, 둘째, 학생 간 성적차가 있음을 알고 있는데 새삼스럽게 학력검사를 실시할 필요는 없다는 것, 셋째, 교원의 평정 자료로 사용될 우려가 있다는 것이었다.

그 후 일본교직원노동조합의 영향력이 약화되고 일본 학생들의 성적이 저하되었다는 지적이 일자, 2007년부터 다시 전국학력테스트(〈전국학력 · 학습상황조사〉)가 실시되고 있다. 카리야 다케히코는 1960년대와 지금의 학력검사 결과를 비교하면서 다음과 같은 결론을 얻었다. 도(縣)의 재정력, 곧 1인당 도민(縣民) 소득으로 표현되는 지역의 경제력과 학생의 평균 성적 간의 상관관계는 1960년대까지는 높았지만 지금은 거의 보이지 않는다는 것이다. 이를 〈표 3-3〉에서 확인해 보자. 이 표는 2008년의 전국학력테스트 결과에서 상위권 10개 도와 하위권 10개 도를 각각 제시한 것이다. 이 표로 알 수 있듯이, 오늘날에는 부유한 도 가운데서도 평균 성적이 낮은 곳(오사카, 후쿠오카)이 있는가 하면, 부유하지 않지만 성적이 높은 도(아키타, 아오모리)도 있다는 것이다.

가장 성적이 낮은 도는 오키나와 등 빈곤율이 높은 도가 포함되어 있는 데 반해, 성적이 높은 도는 교육비 지출이 많거나 도 전체가 교육에 열성을 쏟으며 학교 현장에서 다양한 연구를 시도하고 있는 곳이다. 대표적인 예로 아키타를 들 수 있는데, 여기에서는 자녀 교육에 열성적이다. 아키타에 이어 평균 성적이 높은 곳은 후쿠이 등 호

〈표 3-3〉 전국학력테스트 각 시·도(都道府縣)별 순위(2008년)

도별		합계	순위	도별		합계	순위
상위권 10	아키다(秋田)	547.1	1	하위권 10	오키나와(沖繩)	423.8	47
	후쿠이(福井)	539.1	2		고오치(高知)	455.3	46
	도야마(富山)	524.3	3		홋카이도(北海道)	458.9	45
	이시카와(石川)	512.0	4		오사카(大阪)	462.2	44
	아오모리(青森)	509.0	5		오카야마(岡山)	472.6	43
	가가와(香川)	508.4	6		후쿠오카(福岡)	474.5	42
	야마가타(山形)	503.6	7		와카야마(和歌山)	475.3	41
	기후(岐阜)	501.5	8		오이타(大分)	475.4	40
	시즈오카(静岡)	500.3	9		시가(滋賀)	475.6	38
	도쿄(東京)	498.9	10		미에(三重)	475.6	38

주: 전국학력테스트(〈전국학력·학습상황조사〉)는 초등학교 6학년생과 중학교 3학년생의
   모든 교과 평균 정답률을 합산한 결과.

쿠리쿠(北陸) 3도다. 아오모리를 포함한 상위권 5도는 대학입시 실적을 자랑하는 사립 초·중학교도 없고, 성적 향상에 기여하는 학원이 눈에 띄게 있는 것도 아니다. 이들 도가 성적이 높은 이유는 학교교육의 질이 높아진 것이라고 생각되나, 그 이외의 이유가 있을 수도 있다.

12) 빈곤이 성적 향상을 방해한다

성적 격차 문제는 오히려 도쿄나 오사카와 같은 대도시에서 심각하다고 봐도 좋다. 이들 대도시에는 심각한 빈곤 문제를 안고 있는 지역이 있어서 그곳에 사는 아동의 성적이 꽤 낮아지는 경향이 있기 때문이다. 빈곤 때문에 시·군·읍·면(市區町村)에서 급식, 학용

품, 수학여행 등의 '취학보조금'을 받는 초·중학생의 수가 대도시에서 급증하고 있다. 생활보호 대상에 준한다고 판단되는 '준보호 대상'의 학생 수 비율에서도 1위인 오사카가 27.9%, 2위인 도쿄가 24.8%나 된다.

오기 나오키(尾木直樹)의 『새로운 학력(學歷)사회가 시작된다―분단되는 아동들(新·学歷社会がはじまる―分斷される子どもたち)』(2006)을 보면 23구(區) 중에서 취학보조금을 받는 비율이 40%로, 높은 구에서는 초·중학생 모두 성적이 최하위에 가까운 반면 그것이 한 자릿수로 낮은 구에서는 성적이 높은 것으로 나타난다. 〈표 3-4〉는 도쿄 23구를 1인당 급여 소득이 높은 순서로 늘어놓고 각 구의 성적 순위를 나타낸 것이다. 소득이 높은 구일수록 성적 순위가 높고, 반대로 소득이 낮은 구일수록 성적 순위도 낮아지고 있다. 이는 소득과 성적 간에는 상당히 높은 상관관계가 있음을 뜻한다. 특히 빈곤율이 높은 가츠시카구(葛飾區), 아다치구(足立區), 에도가와구(江戶川區) 등의 초등학생 성적이 낮다.

오사카도 도쿄와 마찬가지다. 앞의 〈표 3-3〉에서 보았듯이, 오사카는 성적이 끝에서 네 번째로 낮다. 오사카는 생활보호 대상 가정의 비율이 높고 빈곤자 수가 많다. 빈곤 가정이 많다는 것이 오사카의 초·중학생의 성적을 저하시키고 있다는 것이다. 덧붙여 성적이 최하위권인 오키나와는 빈곤율도 높지만 평균 소득이 일본에서 가장 낮은 도이기도 하다. 상당수의 가정이 빈곤 상태에 있으며, 이에 따라 아동의 성적도 낮아졌다고 생각할 수 있다. 빈곤은 아동의 성적 향상에 큰 걸림돌이 되고 있음을 알아야 한다.

각 시·도별로 비교하지 않고 전국 차원의 자료를 제시하면서 살

〈표 3-4〉 도쿄 23구 1인당 급여 소득과 성적 순위

지구	총인원	1인당	지수	성적 순위(초등)
총수	3,141,432	4,234	100.0	23
미나토구(港區)	70,082	7,151	168.9	7
치요다구(千代田區)	16,130	6,122	144.6	2
시부야구(澁谷區)	81,699	5,986	141.4	6
분쿄구(文京區)	69,612	5,288	124.9	1
매구로구(目黑區)	103,379	5,125	121.0	3
추오구(中央區)	37,692	4,961	117.2	5
세다가야구(世田谷區)	316,269	4,892	115.5	8
신주쿠구(新宿區)	105,385	4,638	109.5	11
스기나미구(杉並區)	200,080	4,555	107.6	4
네리마구(練馬區)	242,342	4,203	99.3	13
시나가와구(品川區)	137,133	4,182	98.8	12
오오다구(大田區)	263,528	4,068	96.1	19
도요시마구(豊島區)	92,400	4,067	96.1	10
나카노구(中野區)	118,369	4,033	95.3	15
다이도구(台東區)	56,882	3,961	93.6	16
코도구(江東區)	155,288	3,792	89.6	18
이타바시구(板橋區)	194,691	3,733	88.2	14
기타구(北區)	117,928	3,666	86.6	17
에도가와구(江戸川區)	241,286	3,610	85.3	23
스미다구(墨田區)	84,727	3,567	84.2	20
아라가와구(荒川區)	65,323	3,561	84.1	9
가츠시카구(葛飾區)	155,119	3,498	82.6	21
아다치구(足立區)	216,088	3,429	81.0	22

주: 인원 및 소득은 2003년 7월 1일 현재. 지수는 23구 평균을 100으로 하였다. 도쿄도 총무국 행정부(2003). 〈시정촌 세과세 상황 등의 조사〉를 토대로 尾木直樹가 재작성. 학력 순위는 2005년도 자료.
출처: 尾木直樹 『新・学歴社会がはじまる―分断される子どもたち(새로운 학력사회가 시작되다―분단되는 아이들)』靑灯社, 2006年

펴보았지만, 2장에서 빈곤 가정 학생의 성적이 낮다는 점을 지적한 바 있다. 3장에서는 도쿄나 오사카와 같은 대도시 내 일부 지역에도 빈곤자가 많이 사는 지역이 있고, 그에 따라 그 지역 아동의 성적이 낮다는 것을 언급하였다. 분석방법은 다르나, 빈곤 가정 아동의 성적이 낮아진다는 점은 공통적이다.

3. 단선형 엘리트 학력 코스

사람들이 명문 대학에 진학하려 하거나 높은 학력을 얻고자 하는 이유는 비교적 단순하다. 되도록 좋은 직업을 얻고 싶거나 고소득을 얻고자 하기 때문이다. 이렇게 말하면 교육이 꼭 경제적 이익을 위해서만 존재하는 것으로 보느냐고 반박할지도 모른다. 그래서 교육학자들이 이론(異論)을 제기할 가능성도 있지만, 고학력을 목표로 하는 이러한 동기에 관해 논해 보고자 한다.

1) 화이트칼라직을 향한 코스

이제 제2차 세계대전 이후 1960년대 중반까지 어떤 학력을 가진 사람이 어떤 직업을 가지게 되었는지를 고찰해 보자. 이 시기의 중학교 졸업자와 고등학교 졸업자의 구체적인 취업 상황을 요약하면 다음과 같다.

첫째, 중학교 졸업자는 대부분이 대기업의 공장이나 지역 중소기업의 공장 그리고 상점이나 부모로부터 물려받은 농사에 종사하였

고, 시골에서 중학교를 졸업하고 대도시에 취직하는 사람들도 많았
다. 고도성장기 초기에 중학교 졸업자는 '돈을 벌어 주는 황금 거위
알'로 불리면서 유용한 노동력으로서 크게 각광받았다. 그렇지만 근
로 조건이 좋은 것은 아니었다.

둘째, 고등학교 졸업자는 공업고등학교를 졸업하면 대 · 중기업
의 공장 근로자가 되는 경우가 많았고, 인문계 고등학교와 상업고등
학교를 졸업하면 다양한 기업에서 사무직이나 판매직 또는 공무원
이 되는 경우가 많았다. 일부 공장 근로자를 제외하고 그들의 직업
은 화이트칼라직이라고 부를 수 있었다. 이때는 고등학교 진학률이
상승하던 시기라서 화이트칼라직에 취직하기 위해서 고등학교에 진
학했다고 해도 과언이 아니다. 당시는 대학교 진학률이 높지 않았기
때문에 대학교 졸업자는 화이트칼라직, 특히 전문직이나 관리직이
되는 것이 주류였으나, 고등학교 졸업자도 대학교 졸업자처럼 화이
트칼라직을 목표로 하고 있었다고 할 수 있다.

그 뒤 고도성장기의 전성기에 들어섰고, 1970년대 초에 오일 쇼크
시대를 맞아 일본은 안정성장기에 들어간다. 산업 구조도 변화되어
화이트칼라화와 서비스 산업화의 시대를 맞게 된다. 방금 이야기했
듯이, 일본에서도 고등학교 진학률과 대학교 진학률이 상승하는 시
기로 들어서면서 화이트칼라직을 가지려면 고등학교보다 대학교를
졸업해야 더 유리했다. 고등학교 졸업자들이 이제 판매직이나 서비
스직 등으로 취업하는 비율이 높아졌다는 점도 간과해서는 안 된다.

1945년부터 1990년대 말까지 일본인들이 고등학교 학력이나 대
학교 학력을 추구한 유력한 이유는 되도록 화이트칼라직에 취업하
려는 욕구 때문이었다. 1장에서 보았듯이, 일본에서는 학력격차에

따른 소득 격차가 그렇게 심하지는 않다. 따라서 반드시 많은 보수를 원해서 높은 학력을 얻으려고 한 것이 아니라 화이트칼라직을 얻고 싶었기 때문이라 할 수 있다. 블루칼라직은 주로 체력이 요구되는 단순 노동이지만, 화이트칼라직은 체력보다는 어느 정도 높은 지식이나 기능을 필요로 하고 위신이 더 높은 직업이다. 이러한 연유로 화이트칼라직을 얻고자 하는 동기가 작용했을 것이다.

2) 관리직과 전문직을 향한 코스

1945년부터 최근에 이르기까지 고학력을 원하는 이유 중 하나가 화이트칼라직에 취직하려는 희망 때문이었다는 것이 나의 판단이다. 그런데 화이트칼라직에 취직한 뒤 관리직으로 승진하려면 대학교 졸업이라는 학력이 필요하게 된다. 기술자, 의사, 교원, 사법 관계자 등의 전문직에 취직하려는 경우도 마찬가지다. 관리직이나 전문직을 원하는 경우 대학교 진학을 희망하게 된다.

가정 형편이 어려워 대학교 진학을 포기해야만 했던 젊은이들이 많았던 시기가 오래 지속되었다. 그렇지만 일본의 경제력이 좋아져 가계 소득이 늘면서 많은 젊은이가 대학에 진학할 수 있는 시대가 찾아왔다. 2000년대에는 4년제 대학교 진학률이 50%를 넘어 본격적인 대중교육 사회를 맞이하게 되었다. 그러면서 과거와는 달리 성적이 그다지 높지 않은 학생이나 공부할 의욕이 없는 학생도 대학교에 입학하게 되었다. 그렇지만 관리직이나 전문직의 수는 한정되어 있기 때문에 이러한 직업을 가질 기회는 과거 대학 졸업자가 한정되어 있던 시대처럼 쉽지 않았다.

그리하여 최근 현저하게 달라진 것이 대학교 졸업자 간의 양극화
다. 양극화를 넘어 3극화 현상이 있다는 것을 1장에서 이미 지적한
바 있다. 현재 3극화의 정점에 있는 명문 대학에 진학하기 위한 과정
이 어떤가에 초점을 맞추어 논의해 보기로 한다.

3) 명문 고등학교에서 명문 대학으로 가는 단선형 코스

여기서는 2장에서 논한 세 가지 학력 중 두 번째인 어떤 학교를 졸
업했느냐와 세 번째인 계열이나 전공 과목이 무엇이냐에 초점을 맞
추기로 한다. 특히 두 번째에 관련된 것으로 명문 학교를 놓고 벌이
는 진학 경쟁을 살펴보기로 한다.

어느 시대든 명문 학교 진학을 둘러싸고 치열한 경쟁이 되풀이되
어 왔다. 어느 나라건 이런 경쟁이 일어나고 있는 것은 명문 학교를
졸업하면 사회에서 상층으로 봐 주고 엘리트로 대우해 주는 길이 열
리기 때문이다. 제2차 세계대전 전의 일본에서는 구제(舊制) 고등학
교 진학을 둘러싸고 치열한 경쟁이 있었다.

제2차 세계대전 전에 일본에서 엘리트란 일중(一中)-일고(一高)-
제대(帝大, 도쿄대학)라는 최고 수준의 진학 경로를 거친 사람들이었
다. 이러한 최고 수준의 경로가 아니더라도 명문 중학교 넘버 스쿨**4**
로 불리는 구제 고등학교 제국대학(帝國大學)의 경로도 고학력의 엘
리트 코스였다. 이러한 학력을 얻으면 대기업 취직이 가능하고 중앙
관청에 들어갈 수 있었고, 의사나 사법계 그리고 연구자나 교원 등의

---

4 역주: number와 school을 합친 일본식 조어(造語). '넘버 스쿨'은 1고(高)에서 8고(高)
까지 설립 순으로 교명(校名)에 번호를 매긴 1945년 이전의 구제 고등학교다.

전문직에 취업이 가능했으며, 취직 후 승진에서도 유리했다.

명문 학교 졸업생이 사회에서 유리한 삶을 살 수 있었던 이러한 경향은 아직도 기본적으로 바뀌지는 않고 있는데, 이것이 학력사회 일본의 큰 특징이라 볼 수 있다. 그러므로 부모나 자녀 모두 되도록 좋은 학교 또는 명성이 있는 학교에 진학하려고 엄청난 노력과 비용을 들이는 것이다.

이 책에서는 명문 고등학교에서 명문 대학으로의 진학과 관련해 최고 명문 대학인 도쿄대학교에 관해 살필 것이다. 그렇지만 특정의 명문 고등학교나 대학교를 언급하기보다는 흔히 말하는 명문 고등학교에서 명문 대학으로 진학하는 상황을 개관하는 데 그치기로 한다.

4) 명문 대학에 들어가기 위한 명문 고등학교 코스

나는 야기(八木匡)와의 공저 『교육과 격차』(2009)에서 어느 고등학교에서 어느 대학교로 진학했느냐를 분석하였다. 입시와 진학 정보에 관한 권위 있는 대학 통신사가 작성한 자료를 사용하였다. 여기에서는 고등학교를 성적이 높은 학교에서 성적이 낮은 학교까지 20등급으로 나누어 순위를 내고, 대학은 입시에서의 편차치에 기초하여 분류하였다. 우리는 다시 고등학교 20등급을 4등급으로 통합하고, 대학은 편차치 60 이상의 명문 대학, 55 이상 60 미만의 중상위권 대학, 50 이상 55 미만의 중하위권 대학, 50 미만의 하위권 대학의 4개로 나누었다. 그리고 고등학교 졸업 후에 대학교에 진학하지 않은 사람도 하나의 그룹으로 따로 고려하였다.

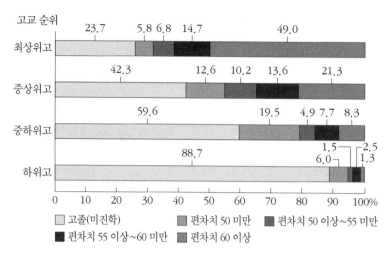

고교 순위

최상위고 23.7 5.8 6.8 14.7 49.0

중상위고 42.3 12.6 10.2 13.6 21.3

중하위고 59.6 19.5 4.9 7.7 8.3

하위고 88.7 6.0 1.5 1.3 2.5

0 10 20 30 40 50 60 70 80 90 100%

☐ 고졸(미진학)　■ 편차치 50 미만　■ 편차치 50 이상~55 미만
■ 편차치 55 이상~60 미만　■ 편차치 60 이상

[그림 3-7] 고등학교 순위와 진학 대학의 편차치(전체)

이를 통해 어느 수준의 고등학교에서 어느 수준의 대학교에 입학
했는지를 추적하였다. 그 분석 결과를 [그림 3-7]을 보면서 간략히
소개하기로 한다.

먼저 어떤 수준의 고등학교 출신이 어떤 수준의 대학교에 진학하
고 있는지를 살펴보자. 중상위권 고등학교 졸업생 21.3%가 편차치
60 이상의 명문 대학에 진학하는 데 비해, 상위권 고등학교 졸업생
은 50% 정도가 편차치 60 이상의 명문 대학에 진학한다. 중하위권
고등학교에서는 8.3%, 하위권 고등학교는 1.3%만이 명문 대학에
진학한다. 어느 수준의 고등학교에 입학하고 졸업했는지가 명문 대
학 진학 가능성을 크게 좌우하고 있다. 대학교의 학력 획득 경쟁이
고등학교 입학 전부터 이미 시작되고 있음을 알 수 있다. 이 그림에
는 나타나 있지 않지만, 중학교를 분석하면 국립, 사립 중·고일관
교 교육을 하는 상위권 중학교가 진학에 강하다는 결과를 얻게 될

것이다. 그렇게 되면 중학교 입학 전부터도 학력 획득 경쟁이 시작
되고 있음이 명백해질 것이다.

고등학교 순위가 낮을수록 비명문 대학에 진학하는 비율이 높아
진다는 것도 이 그림에서 알 수 있다. 특히 대학 미진학자 비율은 중
하위권 고등학교 59.6%, 하위권 고등학교 88.7%로, 고등학교 순위
가 낮을수록 대학에 진학하지 않고 고등학교 졸업으로 끝나는 비율
이 높아짐을 알 수 있다

대학 미진학자 비율이 이렇게 높은 이유의 하나로 대학교 진학률
이 낮았던 당시에 고등학생이었던 중·고 연령층이 응답자에 포함
되지 않았다는 점도 있다. 따라서 대학교 진학률이 비교적 높은 연
대인 30세 이하에 표준을 한정하기로 하며, 이는 [그림 3-8]에 제시
되어 있다. 그렇게 해도 중하위권 고등학교가 46.8%, 하위권 고등
학교가 86.8%나 되어, 전체 집단의 비율과 그다지 차이가 나지 않

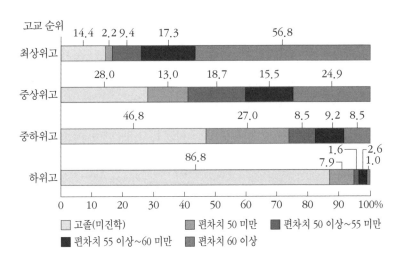

[그림 3-8] 고등학교 순위와 진학 대학의 편차치(30세 이하)

3. 단선형 엘리트 학력 코스 131

음을 알 수 있다. 고등학교가 대학 진학을 위한 예비 학교로 기능하고 있다는 증거다.

5) 대학 순위와 고등학교 순위의 상관관계

이제 대학 편차치의 관점에서 어느 고등학교에서 어느 대학교로 진학하는지에 초점을 맞춰 보자. 이를 나타낸 것이 [그림 3-9]다. 편차치 60 이상의 명문 대학에 입학하는 고등학교 순위별 비율은 상위권 고등학교가 46.6%, 중상위권 고등학교가 31.8%, 중하위권 고등학교가 18%, 하위권 고등학교가 3.6%다. 단연 상위권 고등학교 비율이 가장 높다. 다만 그 비율은 50%에 미치지 못하며, 중하위권 고등학교나 하위권 고등학교에서도 명문 대학에 진학하는 학생이 나

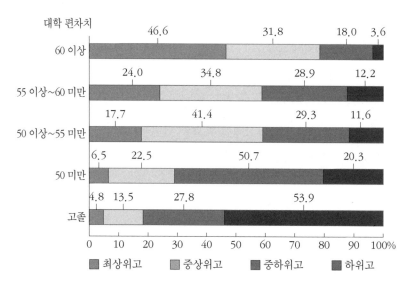

[그림 3-9] 대학 편차치별 출신 고등학교 수준

름대로 존재한다는 것을 알 수 있다. 상위권 고등학교가 압도적으로 유리하다고 말할 수 있지만, 그곳에 진학하지 못해도 고등학교 때 열심히 노력하면 명문 대학에 진학할 수 있는 길은 아직 열려 있다는 견해도 가능하다.

일본에서는 고학력과 명문 대학 진학을 위한 경쟁이 치열하다. 방금 확인했듯이, 상위권 고등학교에 진학해야만 명문 대학에 들어가는 것도 아니다. 중하위권 고등학교의 성적 우수자도 명문 대학에 들어가고 있는가 하면, 상위권 고등학교나 중상위권 고등학교에서도 편차치가 낮은 대학에 진학하는 학생도 있다. 대학에 들어가지 않은 사람도 5~10%가 넘는다. 수준 높은 고등학교에 진학해도 학업 의욕을 상실하거나 수업을 따라가지 못하는 일이 있을 수 있는 것이다.

정리하면, 수준 높은 고등학교 졸업자가 편차치가 높은 좋은 대학에 들어갈 확률이 높지만 예외도 존재한다는 것이다. 수준 높은 고등학교를 졸업해도 편차치가 낮은 대학에 진학하는 학생이 있으며, 적지만 대학에 진학하지 못하는 학생도 있다. 명문 고등학교에서 명문 대학으로 진학하는 단선형이 압도적이지만, 그런 단선형이 아닌 경우도 있다는 것이 여기에서 발견한 점이다. 고등학교에서의 본인 노력도 중요한 요소라고 말할 수 있다.

6) 단선형 입시경쟁 사회에 대한 비판

상세하게 분석하면, 명문 고등학교에서 명문 대학으로 진학하는 경로가 전부는 아니라는 것을 알 수 있지만, 그럼에도 명문 고등학교에서 명문 대학으로 진학하는 경로를 목표로 많은 학생이 입시 경쟁에 놓여 있는 것이 현실이다.

이 때문에 아동들이 심신에 가혹한 부담을 갖게 되고 성장에도 피해를 입는다는 생각은 이전부터 뿌리 깊게 존재하고 있었다. 그래서 그러한 생각을 반영하여 다양한 새로운 교육정책도 도입되어 왔다. 1990년대 후반에 '여유로운 교육'을 도입한 것, 국·공립 대학과 일부 사립대학 시험에서 공통 1차 시험을 도입한 것 등을 그 예로 들 수 있다. 소자화(少子化) 현상[5]에 따라 지원자가 감소했기 때문에 일부 대학에서는 시험 문제 수준을 낮춰 수험생이 입학하기 쉽도록 개별적인 대책도 취하고 있다. 이런 흐름 속에서 대학의 입시 경쟁이 완화되는 모습도 볼 수 있다. 대학 진학이 한정되어 있던 과거에는 대학에 진학하기 위해 치열한 입시 경쟁을 통과해야 했지만, 지금은 그렇게까지 입시 공부를 하지 않아도 대학에 진학할 수 있다.

따라서 입시 경쟁의 완화라는 점에서는 지금까지 논해 온 흐름이 어느 정도 성과가 있었다고 할 수 있다. 그러나 부정적인 경향도 나오고 있다. '여유로운 교육'이 학생들의 성적을 저하시켰다는 지적도 있고, 대학입시에서 공통 1차 시험을 도입함으로써 대학을 입시의 편차치로 서열화하는 풍조를 강화해 각각의 대학이나 학부가 가지는 특색과 교육내용을 경시하는 경향이 심해진다는 비판도 있다. 이들 개개의 교육 문제는 대단히 중요한 과제이지만 이 책의 주요 관심사는 아니므로 더 이상 언급하지는 않겠다.

---

5 역주: 자녀를 적게 낳는 현상을 '소자화(少子化) 현상'이라 한다.

제 4 장

일본 교육의 불평등화

제2차 세계대전 이전의 일본에서는 학부모의 사회계층(교육, 직업, 소득)이 높을수록 자녀의 교육 수준이 높은 반면, 학부모의 사회계층이 낮을수록 자녀의 교육 수준도 낮았다. 그러다 1945년 이후에는 비록 학부모의 사회계층이 낮더라도 자녀가 공부를 잘하고 열심히 노력하면 자신의 교육 수준을 높일 수가 있었고, 이러한 상황은 경제적 고도성장기가 끝날 시점까지 지속되었다.

그러나 앞 장에서 지적했듯이 최근 이러한 상황이 무너져 교육기회의 불평등이 확대되고 교육의 양극화가 심화되고 있다. 이 장에서는 일본에서 학부모의 사회계층에 따라 교육의 양극화가 어떻게 나타나고 있는지에 초점을 맞추고, 교육기회가 얼마나 불평등해지고 있는지를 밝히고자 한다. 덧붙여 이러한 불평등이 확대되는 요인이나 배경을 살피면서 교육에 대한 공적인 재정 지출이 어떤지 등, 일본의 중요한 교육정책을 들여다볼 것이다.

1. 학비 부담 증가와 교육 불평등화

1) 학습의욕과 노력만으로 진학할 수 있었던 시대

고도성장기부터 1980년대까지 일본인들이 자녀 교육에 열성적이었던 배경에는 '학력 하강 회피설'이 자리 잡고 있었다고 언급한 바 있다. 학력 하강 회피설은 학부모의 학력보다 자녀의 학력이 낮아지는 것을 피하려 하거나 더 높아지기를 학부모나 자녀 모두가 원하는 것이다. 여기에 화이트칼라직에 취직하기 위해 교육에 열을 올렸다는 점도 지적했다. 사무직이나 관리직 그리고 전문직 등의 화이트칼라직을 갖기 위해 최소한 고등학교 학력, 더 나아가 전문대나 4년제 대학교에 진학하려 했다는 것이다. '명문도 상승 희망설'을 신봉하며 명문 학교를 졸업하면 나무랄 데가 없을 정도였다.

여기에 교육비 부담이 증가했다는 점을 크게 다뤄야 한다. 1945년 이후부터 고도성장기가 끝날 무렵까지 고등학교나 대학교 등록금 및 부수적인 교육비는 꽤 저렴해서, 가계 소득이 낮았던 학부모가 자녀의 교육비를 부담하기가 지금보다는 나았다. 통계를 보면서 이를 확인해 보자.

〈표 4-1〉은 1945년 이후 대학 신입생 등록금의 변화 과정을 나타낸 것이다. 고도성장기인 1959년까지는 국립대학은 입학금 1,000엔과 수업료 9,000엔으로 신입생 등록금이 10,000엔이었고, 사립대학은 수업료 28,641엔을 포함해 첫해 등록금이 총 61,784엔

연도	국립대학			사립대학			
	입학금	수업료	총액	입학금	시설·설비비	수업료	총액
1949	200	1,800	2,000				
1954	400	6,000	6,400				
1959	1,000	9,000	10,000			28,641	61,784
1964	1,500	12,000	13,500			61,746	148,580
1969	4,000	12,000	16,000			84,048	221,874
1974	12,000	36,000	48,000				283,549
1979	80,000	144,000	224,000	175,999	147,440	325,198	648,637
1984	120,000	252,000	372,000	225,820	201,385	451,722	878,927
1989	185,400	339,600	525,000	256,600	207,932	570,584	1,035,116
1994	260,000	411,600	671,600	280,892	183,725	708,847	1,173,464
1999	275,000	478,800	753,800	290,815	198,982	783,298	1,273,095
2004	282,000	520,800	802,800	279,974	204,448	817,952	1,302,194

〈표 4-1〉 1945년 이후 대학 신입생 등록금 (단위: 엔)

주: 내역이 불확실한 곳은 비워 둠.
출처: 福地誠『教育格差絶望社会(교육격차의 절망적인 사회)』洋泉社, 2006年

이었다. 사립대학의 등록금은 국립대학의 등록금보다 3배쯤 많았
다. 1969년이 되자 국립대학의 수업료는 12,000엔, 사립대학의 수
업료는 84,048엔이 되어, 그 차이는 7배쯤으로 확대되었다. 사립대
학의 수업료가 비싸진 것이다.

　여기서 주목할 것은 당시 국립대학의 등록금이 꽤 싸다는 점이다.
'가난한 가정의 자녀는 국립대학으로'라는 말이 생길 정도로, 집안
이 가난해도 능력과 의욕이 있는 학생은 열심히 노력하면 국립대학
에 진학할 수 있었다. 고등교육의 비용은 주로 정부가 부담해서 가
계 부담을 줄인다는 사회적 합의가 있었기 때문이다.

　1960년대에는 정부가 60~70%를 부담하여 가계 부담이 30~

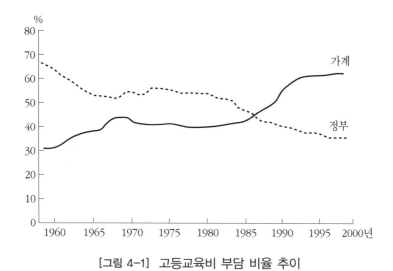

[그림 4-1] 고등교육비 부담 비율 추이

주: 정부 부담은 국립학교 특별회계의 국고부담금과 보조금, 가계 부담은 등록금.
출처: 広島大学高等教育開發研究センター(히로시마대학 고등교육개발 연구센터)

40% 정도에 불과했다. 여기서는 공립 고등학교의 등록금을 표시하지 않았지만, 공립학교에서는 교육비의 가계 부담 비율을 더 적게 해야 한다는 사회적 합의가 있었다. 공립 고등학교도 학비가 굉장히 싸서 가계 소득이 낮은 가정의 자녀도 본인의 능력과 의욕만 있으면 진학할 수 있었다.

2) 국립대학의 등록금 인상과 교육양극화

그러나 등록금이 싼 공립학교의 시대는 오래 지속되지 않았다. 1970년대 초반부터 공립학교 등록금이 급등했다. 예를 들면, 1972년부터 국립대학의 등록금은 3배나 인상되었고, 그 이후에도 매년 인상되었다. 앞의 〈표 4-1〉에서 보듯이, 지금은 국립대학의 학비도

연간 50만 엔을 넘는다. 학비가 싼 국립대학이란 말은 이제 과거의
일이 되었다.

　국립대학의 등록금 인상 폭이 얼마나 컸는지를 알아보기 위해 소
비자 물가지수 상승률과 비교해 보자. [그림 4-2]가 이를 나타낸 것
인데, 국립대학 등록금이 소비자 물가지수 상승률보다 몇 배나 높
은 것으로 보아 엄청나게 올랐음을 알 수 있다. 이는 대학생이 있는
가정에 직격탄을 날린 셈이다. 사립대학의 등록금 상승률도 소비자
물가지수 상승률보다 크지만, 국립대학의 등록금 상승률보다는 꽤
낮다.

　고도성장기가 끝날 무렵까지는 국립대학의 등록금이 꽤 낮은 수

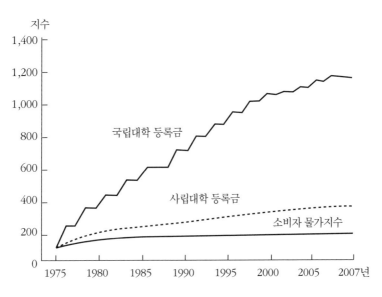

[그림 4-2] 등록금과 소비자 물가지수의 추이(지수화 후)

출처: 文部科学省 〈教育安心社会の実現に関する懇談会(교육 안심 사회의 실현에 관한 간
　　　담회)〉 報告書, 2009年

준으로 억제되고 있어서 가난한 집의 자녀도 대학 진학이 가능했다. 여기에 다소의 무리가 있었던 점과 관련해서는 고바야시 마사유키(小林雅之)의 『대학진학의 기회—균등화 정책의 검증(大学進学の 機会—均等化政策の検証)』(2009)을 소개하기로 한다. 그는 대학, 특 히 국립대학에 진학할 수 있는 학생 중에는 집이 가난한 학생도 있 고, 성적이나 생활환경이 열등한 학생도 적지 않았다고 본다. 전자 의 경우는 자녀를 대학에 진학시키기 위해 다른 지출을 억제해 가면 서 학비를 부담해야 함을 뜻하고, 후자의 경우는 자녀가 공부시간을 희생해 가며 아르바이트를 해야 하는 힘든 환경에 있었음을 뜻한다. 어찌됐든 대학 진학은 가능했기 때문에 교육의 기회평등은 확보되 었다 할 수 있지만, 실제로는 힘든 상황 속의 기회평등일 뿐이었다 는 것이 고바야시의 해석이다.

그렇다면 국립대학의 등록금이 1972년 이후 그렇게 많이 오른 이 유는 무엇일까? 여러 가지 이유가 있겠으나, 첫째는 국립대학의 등 록금과 사립대학의 등록금 비율이 가장 클 때는 1 대 7까지 확대되 어서 불평등하다는 인식이 높아졌기 때문이다. 둘째는 국립대학의 학생은 질 좋은 교육을 받기 때문에 자기 부담이 늘어도 좋다는 견 해가 강해졌기 때문이다. 바꾸어 말하면, 국립대학에 사유재적 성격 을 좀 더 가미해야 한다고 판단했기 때문이다. 셋째는 1965년 사토 에이사쿠(佐藤英作) 내각의 재무장관이 긴박한 국가 재정 상황에서 재정 지출을 억제하는 정책을 취했기 때문이다. 국립대학의 등록금 이 지나치게 싸다고 보고 등록금을 인상해서 국립대학에 대한 재정 지출을 줄이려 한 것이다.

한편 사립대학의 등록금 인상률이 국립대학의 등록금 인상률보다 억제된 이유는 무엇일까? 그것은 국립대학의 등록금과 사립대학의 등록금 간의 차이가 너무 커서 이를 시정하기 위한 사학조성금 제도가 도입되었기 때문이다. 그런데 여기에는 경영난에 빠진 사립대학의 도산을 막기 위한 목적도 들어 있었다. 1962년에 사립 고등학교에 대한 사학조성금이 도입되고 나서 그것이 사립대학으로 확대된 것이다. 이것이 사립대학 조성금의 기원이다.

3) 가계 수입에 따른 대학 진학 혹은 취직

이렇게 대학의 등록금, 특히 국립대학의 등록금이 대폭 오름에 따라 대학에 자녀를 보낼 가정은 타격을 입게 되었다. 그렇지만 이렇게 등록금 상승률이 높았음에도 1970년대 후반부터 1990년 무렵까지 대학교 진학률이 낮아지지 않은 이유는 일본이 고도성장기만큼은 아니라도 안정성장기여서 가계 소득이 나름대로 늘어났기 때문이다.

그러나 여기서 주의해야 할 점은 고바야시가 지적한 '힘든 가계'와 '성적이나 생활환경이 열등한 학생'과 같은 현상이 등록금이 오름으로써 더 심각해졌다는 것이다. '힘든 가계'의 자녀의 일부는 대학 진학을 포기할 수밖에 없었다. 그 결과로 앞의 [그림 2-1]에 나타나 있듯이 소득이 적은 빈곤 가정의 대학교 진학률이 특히 낮아졌다. 현재 국립대학의 등록금이 연간 50만 엔을 넘었고 사립대학의 등록금은 연간 200만 엔에 이르러, 연간 200~300만 엔 정도의 가계 수입을 가진 빈곤 가정의 자녀들은 대학 진학을 포기해야 하는 형편이다.

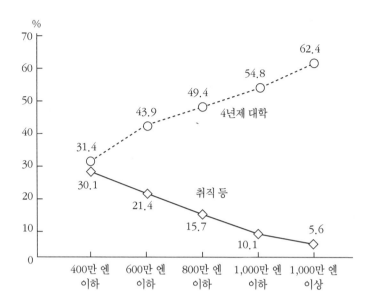

[그림 4-3] 학부모 연간 수입별 고등학교 졸업 후 예정 진로

주: 일본 전국에서 무작위 선발된 고등학교 3학년 4,000명과 그 보호자 4,000명을 대상으로 한 조사. 학부모의 연간 수입은 학부모 각각의 세금 포함 연간 수입으로 중앙치 산출 (예: 500~700만 엔 미만이면 600만 엔). 무응답은 제외. 취직 등은 취직 진학, 아르바이트, 해외 대학, 학교, 가사 돕기, 주부, 기타를 포함.

출처: 東京大學大學院研究科大學経営·政策研究センター〈高校生の進路追跡調査 第1次 報告(고교생의 진로 추적 조사 1차 보고)〉 2009年 7月

　빈곤 가정 자녀가 고등학교 졸업 후 취직이냐 대학 진학이냐에서 어떤 분기점에 있는지를 알기 쉽게 나타낸 [그림 4-3]을 보자. 이 그림은 학부모의 연간 수입별로 고등학교 3학년이 4년제 대학에 진학할 것인가, 아니면 취직할 것인가의 예정 진로를 결정하는 경향을 나타낸 것이다. 학부모의 연간 수입이 400만 엔 이하인 경우는 대학 진학과 취직이 30%를 조금 넘어 동일 수준이다. 연간 수입이 증가할수록 대학교 진학률은 상승하고 취직률은 낮아진다. 연간 수입이

1,000만 엔을 넘으면 대학교 진학률은 60%를 넘고 상대적으로 취직률은 5.6%로 낮아진다. 대학 진학이냐 취직이냐의 선택이 가정의 연간 수입에 따라 분명한 대조를 나타내고 있다. 학부모의 연간 수입은 고등학교 3학년이 대학에 진학할 것인가 혹은 취직할 것인가를 결정하는 큰 요인임을 알 수 있다.

2. 낮은 공적 부담과 늘어나는 가계 부담

1) OECD 국가 중 가장 낮은 공교육비 지출

가계가 힘들어 교육비를 부담할 수 없어 대학 진학을 포기해야 하는 사람이 늘고 있다는 것을 앞에서 확인하였다. 그 배경에는 공공부문의 교육비 지출을 억제하고 있기 때문이다. 교육비의 공적 부담을 국제적으로 비교해 보자. [그림 4-4]는 OECD 국가의 GDP 대비 교육비의 지출 비율을 나타낸 것이다. 이 그림에 따르면, OECD 국가 중에서 일본의 교육비 지출은 GDP 대비 3.3%로 터키에 이어 끝에서 두 번째로 낮은 수치다. 국가와 지방 정부가 교육비를 만족스럽게 지출하지 않고 있어 가계에 큰 부담을 주고 있음을 알 수 있다. 슬로바키아, 독일, 호주, 스페인, 체코 등도 일본과 비슷한 수준이다. 이에 비해 아이슬란드, 덴마크, 스웨덴 등 북유럽 국가들의 교육비 부담 비율은 6~7%다. 이들 국가는 가계에 교육비 부담을 요구하지 않고 공공부문이 그것을 부담하고 있는 것이다.

다음에는 정부 지출에서 교육비가 차지하는 비율을 살펴보자. 정

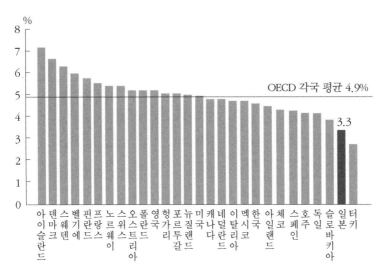

[그림 4-4] GDP 대비 교육기관에 대한 공공재정 지출 비율(2006년)

출처: OECD, *Education at a Glance 2009*

부는 군사비, 공공사업비, 사회보장비, 공무원 임금 등 여러 가지 재정 지출을 하고 있다. 이 가운데서 교육비가 차지하는 비율은 얼마나 될까? 이를 나타낸 것이 [그림 4-5]인데, 여기에서도 일본은 9.5%로 그 비율이 최저 수준이다. 교육비 지출이 20%에 달하는 나라들과 비교할 때 일본의 낮은 수치가 눈에 띈다.

더구나 일본은 정부 지출 총액이 GDP에서 차지하는 비율 역시 다른 선진국들과 비교할 때 꽤 낮은 수준이다. 작은 정부라 할 수 있다. 공교육비 지출이 정부 지출액에서 차지하는 비율과 GDP 대비 그 수준이 낮다는 것은 그 절대액을 평가하면 그 수준이 더욱 적다는 뜻이다.

그렇다면 왜 일본의 공교육비 지출은 이렇게 적은 것일까? 첫째, 일본에서는 교육을 사유재로 보는 경향이 지배적이고 기껏해야 준

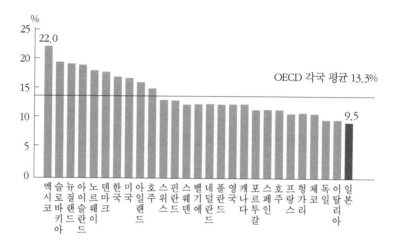

[그림 4-5] 각국의 정부 지출액 중 공공재정 지출 비율(2006년)

출처: OECD, *Education at a Glance 2009*

공공재로 보는 시각이 약간 존재할 뿐이기 때문이다. 교육비는 자기 부담 원칙이라는 사상이 지금까지 강했는데, 교육의 이익은 교육을 받는 개인이 받고 있다는 판단이 그 배경이다. 둘째, 일본은 경제 발전을 정책 최우선의 목표로 해 왔기에 정부가 공공사업과 인프라 정비 등에 지출을 늘려 경제 성장을 추구했기 때문이다. 공공사업과 인프라 정비에 자금을 많이 투입하게 되면 아무래도 교육비 지출은 상대적으로 적어지게 된다. 셋째, 문부성 등이 교육의 질을 높이기 위해 돈을 들여 교육 시설을 확충하거나 교원 수를 늘리는 것이 아니라, 교원의 열성과 효율적인 교육방법 그리고 학생들의 학업열을 더 중시해 왔기 때문이다. 교육 설비와 교원 수 증원과 같은 공공부문의 교육비 지출을 억제해 왔다. 넷째, 국·공립학교보다는 사립학교의 수와 그 학생 수가 훨씬 많다고 보아 사립학교에 사학조성금을 지급하지만 국·공립학교에 대한 재정 지원액에 비하면 훨씬 적다.

일본의 교육비가 사학에 꽤 의존해 왔다는 것도 공공부문의 교육비
지출이 적어진 이유다.

2) 지나치게 낮은 대학교육에 대한 교육비 지출

교육비에 대한 공적 지출이 낮다는 것은 알겠는데, 그 수준은 초,
중, 고, 대학에 따라 어떤 차이가 나는 것일까? 그것을 단적으로 나
타내고 있는 것이 문부과학성이 추정한 [그림 4-6]이다. 이것은 교
육 투자(교육기관에 대한 구매력 평가로 조정한 뒤의 공적 재정 지출액)
를 재학생 수로 나눈 것으로서 학생 1인당 공적 지출 교육비가 된다.
이 그림에서 놀라운 것은 고등교육 기관에 대한 일본의 공적 지출

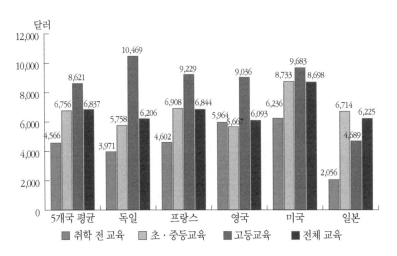

[그림 4-6] 교육투자에 대한 1인당 공공재정 지출

주: 교육기관에 대한 공공재정 지출(구매력 평가에 의해 조정)을 재학생 수로 나눈 것.
출처: OECD가 *Education at a Glance 2008* 작성을 위해 수집한 자료(2005년 수치)를 바
   탕으로 문부과학성이 추계. 文部科学省〈教育安心社会の実現に関する懇談会(교육
   안심 사회의 실현에 관한 간담회)〉報告書, 2009年

액이 4,689달러로 다른 4개국보다 훨씬 적다는 것이다. 미국, 영국, 독일, 프랑스 모두 9,000달러를 넘는 데 비해, 일본은 그 반 정도에 지나지 않는다. 대학에서는 교육에 드는 비용뿐만 아니라 연구비가 차지하는 비율이 크기 때문에 일본의 낮은 액수를 가지고 교육의 질이 낮다든가 학생 지원이 부족하다고 단순하게 말할 수는 없지만 그럴 가능성은 높다. 특히 다른 국가와 비교하면 일본은 대학생들에게 교육비를 억지로 떠넘기고 있다고 확실하게 말할 수 있다.

그림에는 나타나지 않았지만 대학 교육비 부담 중 공적 지출과 사적 부담 비율을 살펴보면, 일본은 33.2% 대 67.8%로서 사적 부담 중 가계 부담이 51.4%다. 미국의 경우는 34.0% 대 66%로서 사적 부담 중 가계 부담이 36.3%, 영국의 경우는 64.8% 대 35.2%로서 사적 부담 중 가계 부담이 26.6%, 프랑스의 경우는 83.7% 대 16.3%로서 사적 부담 중 가계 부담이 10.1%다. 일본과 미국의 공적 지출과 사적 부담 비율은 거의 비슷하다. 그렇지만 미국의 사적 부담률 66% 중 가계 부담은 36.3%이고 나머지 29.7%는 장학금 제도로 보충하고 있다는 점에 유의해야 한다. 결국 가계에 직접적으로 영향을 준다는 측면에서 보면, 대학 교육비 중 가계 부담이 가장 많은 나라는 5개국 중 일본임을 알 수 있다.

이에 덧붙여 일본의 초·중등교육과 취학 전 교육에 관해서도 한마디 더 하겠다. 일본의 초·중등교육에 대한 공적 지출은 5개국의 평균과 거의 같은 수준으로서 대학교육에 대한 공적 지출 수준만큼 뒤떨어지지 않는다. 다른 국가와 비교할 때 거의 비슷한 수준의 공적 지출을 유지한다고 보면 좋을 것이다.

그렇지만 취학 전 교육에 대한 일본의 공적 지출은 두드러지게 낮

다. 취학 전 교육에 대한 일본의 공적 지출은 2,056달러로, 5개국 평
균 4,566달러의 절반 수준에 그치고 있다. 현재 거의 모든 나라가
취학 전 교육에 신경을 쓰고 있으며, 취학 연령을 낮추려는 국가도
있음에 유념해야 한다. 정권 교체 이전의 자민당 정권이 유아교육을
내실화하려고 노력한 데 비해, 민주당 정권이 들어서서는 그 방향성
이 불투명해졌다.

  여기에서 일본의 취학 전 교육, 곧 유치원과 보육원에 관해 살펴
보자. 대개 유치원에는 전업주부의 자녀가 다니고, 보육원에는 맞
벌이 학부모의 자녀가 다닌다. 유치원의 감독 관청이 문부과학성인
데 비해, 보육원의 감독 관청은 후생노동성이다. 그런데 업무 효율
성을 고려하면 이들을 일원화할 필요가 있다. 민주당 정권에서는
아동수당을 지급함으로써 유치원과 보육원에 다니는 아동을 가진
학부모의 경제 부담을 줄여 주고는 있다. 그렇지만 이들 시설의 내
실화와 보육사나 교원의 질을 향상시키기 위해서는 국가의 재정 부
담을 늘려야 한다. 아동수당의 일부를 이런 용도로 사용하는 안을
도입해도 좋을 것이다.

  민주당 정권은 공립 고등학교 등록금은 무상으로 하고 사립학교
에는 보조금을 지불해서 학비 부담을 줄이고자 하였다. 이 정책은
가계의 중등교육 학비 부담을 경감시켜 주기 때문에 바람직한 정책
이다. 특히 빈곤 가정 자녀의 경우 고등학교 진학을 포기하거나 진
학하더라도 가난 때문에 고등학교를 중퇴하는 일이 여전히 있기에
이 정책은 좋다.

3) 지나치게 빈약한 대학교의 학비 지원 수준

일본은 대학교육에 대한 공적 부담이 상당히 낮아 가정에 그 부담을 떠넘기고 있는 형국이다. 그리고 일본 정부는 교육을 사유재로 보면서 경제 발전에 주로 투자를 해 왔다는 점을 언급했다. 그러면서도 대학생에 대한 장학금 지원은 빈약하다는 점이 일본 대학교육 정책의 특징이기도 하다. 이 문제를 좀 더 살펴보기로 하자.

일본의 대학 교육비 부담을 보면, 사적 부담 중에 가계 부담의 비율은 75.8%(51.4÷67.8)로 높다. 미국은 55%(36.3÷66.0), 영국이 75.6%(26.6÷35.2), 프랑스는 62%(10.1÷16.3)다. 따라서 일본의 가계 부담 비율이 가장 높다는 것을 알 수 있다. 영국도 일본에 이어 꽤 높으며 프랑스와 미국이 그 뒤를 잇고 있다. 그렇지만 일본이 장학금 등 대학 학비 지원제도가 가장 빈약한 데 비해 미국은 가장 충실하다.

유럽 대다수의 국가는 대학 등록금을 무상으로 하고 있어 학생의 자비 부담이 꽤 적다. 따라서 이들 나라는 학비 보조제도를 마련할 필요가 없었다. 다만 영국에서는 1998년부터 대학 등록금을 징수하게 되었는데, 2002년에는 개인의 등록금 부담액이 연간 22만 엔쯤 되었다. 그래도 이 액수는 일본의 국·공립 대학 등록금의 절반 수준이어서, 대학 등록금에 대한 영국의 가계 부담은 일본보다 적다. 나아가 보호자의 소득이 낮은 학생에게는 등록금 면제제도도 있다.

미국의 사립대학 등록금은 연간 200~300만 엔을 넘어 꽤 비싼 데 비해, 주립대학의 등록금은 평균 55만 엔쯤으로 일본의 국·공립 대학 등록금과 거의 같은 액수다. 그렇지만 고바야시의 보고서를 보면,[1] 미국에서는 2003년에 13조 엔 정도의 학생 보조금을 지출하고 있다. 거액의 공적 자금이 대학생의 교육비로 투입되어 취학을 지원하고 있는 것이다. 2004년 미국의 전체 대학생 중 장학금을 받는 학생의 비율은 63%나 되었다. 그 중 지원금을 받는 수가 절반 정도이고, 대출을 받는 수는 1/3쯤 되었다. 평균 지급액은 2003년에 약 78만 엔, 지원금은 약 43만 엔, 대출은 약 62만 엔이었다. 미국 대학생은 학비 지원을 꽤 받고 있는 셈이다.

일본의 대학 등록금 지원은 어떤가? 이에 대한 고바야시의 상세한 연구가 있다.[2] 구체적으로 살펴보기 전에 학비 지원제도에는 다양한 관점이 있다는 것을 알아둘 필요가 있다. 첫째, 학비 면제제도를 들 수 있는데, 이에는 등록금 전액 면제 또는 반액 면제 등 여러 가지가 있다. 둘째, 학비 지원에 지원금이 있는가 하면 대출 등도 있다. 셋째, 대출도 무이자인 것도 있고 저리인 것도 있다. 넷째, 국가 또는 지방공공단체가 지원하는 것도 있고 민간재단이 지원하는 것도 있다. 다섯째, 지원받는 학생을 결정할 때 가정 상황을 고려하는 경우도 있고 학업성적을 고려하는 경우도 있다.

이들 모두를 고려해서 학비 지원제도를 살피기는 어렵기 때문에, 여기서는 근본적인 문제에 주목해서 일본의 학비 지원의 특징을 논해 보기로 하자. 고바야시는 일본의 학비 지원제도의 특징을 다음과

1 小林雅之 "先進各国における奨学金制度と奨学政策(선진 각국의 장학금 제도와 장학정책)" 東京大学大学総合教育研究センター編 〈諸外国における奨学制度に関する調査研究及び奨学金事業の社会的効果に関する調査研究(외국의 장학제도에 관한 조사연구 및 장학금 사업의 사회적 효과에 관한 조사연구)〉 報告書, 2007年
2 小林雅之 『進学格差―深刻化する教育費負担(진학격차―심각해지는 교육비 부담)』 ちくま新書, 2008年

같이 보고 있다. 첫째, 소득계급의 1분위(빈곤층)의 경우, 국립대학
에서 등록금을 전액 또는 반액 면제받는 학생은 60~70%쯤으로, 저
소득 계층 학생의 대학 진학을 돕고 있다. 사립대학은 그 정도까지
는 아니다. 둘째, 일본의 대학 학비 지원은 보조금이 아니라 유상이
고 이자가 붙는 대출제가 주류다. 과거 육영회에 의한 장학금 제도
는 국제적으로도 자랑하는 무이자 대출이었으나, 1984년 국가 재정
적자 때문에 이자를 받게 되었다. 셋째, 대개 대학 입학 후에야 등록
금 면제나 장학금 신청 및 그 결정이 이루어지기 때문에 입학 전에
는 학비 지원을 받을 수 있는지 없는지 알 수가 없다. 등록금 면제도
입학하고 나서야 그 지원 가능성이 열리는 것이다. 이를 거꾸로 말
하면 저소득층 가정의 자녀가 대학 진학을 희망해도 입학 전에는 경
제적인 안정을 보장해 주는 것이 아니어서 결국 대학 진학을 포기하
는 경우도 많을 것이다. 넷째, 장학금 지급 판단 기준에 가계 소득
상태 또는 학업성적 수준의 두 가지가 있다는 것이다. 고바야시가
가계 소득에 비중을 더 두어야 한다고 주장하고 있듯이, 나도 이 주
장을 원칙적으로 찬성한다. 다만 대학교 진학률이 50%를 넘는 지금
학업성적 수준을 전혀 고려하지 않으면 공부를 안 하는 장학생이 나
올 우려도 있으므로 이 점을 고려해야 할 것이다. 다섯째, 일본의 장
학금 제도는 다른 국가와 비교해서 열등하다는 것이다. 미국의 총액
13조 엔의 장학사업에 비해 일본의 장학지원기구 장학금은 총액
7,000억 엔에 그치고 있다. 더구나 그 제도 자체도 재정난으로 계속
후퇴하고 있다.

  그렇다면 일본의 장학금 제도는 왜 이렇게 부실한가? 첫째, 일본
에서는 교육, 특히 대학교육이 사유재라는 생각, 곧 자기 부담 원칙

이 주류를 이루기 때문이다. 둘째, 최근 국가재정 적자가 차츰 더 커져서 교육비의 공적 지출과 장학금 지출을 삭감하자는 주장이 있기 때문이다. 셋째, 20세기 후반 신자유주의 세력이 강해지고 대학생의 수가 지나치게 많아진 과잉 대학교육 자체에 대한 비판과 장학금 제도의 효과에 대한 의문을 제기하는 우려의 목소리가 높아졌기 때문이다. 또는 가계 소득이 늘었기 때문에 대학의 학비는 자기 부담을 할 수 있을 것이라고 판단하는 사람이 많아진 것도 그 이유로 들 수 있을 것이다.

결론부터 말하면, 나는 기본적으로 이 세 가지 관점에 찬성하지 않는다. 그 이유와 타개책에 관해서는 다음 장 이후에서 논하겠지만, 그 전에 미국과 일본의 장학금 제도를 비교하고 미국의 시스템에서 배울 점을 지적해 두고자 한다.

4) 미국과 기회평등주의

잘 알다시피, 미국은 빈부의 격차가 큰 나라이면서도 기회의 평등만은 확보하려는 노력이 강한 나라다. 소득 차이가 큰 것은 사람의 능력이나 노력의 차이에 의한 것이므로 어쩔 수 없는 것이고, 사람들이 평등하게 노력할 기회를 줘야 한다는 점에 대해서는 국민들 간에 합의가 있다.

그 평등한 기회를 주는 유력한 수단이 교육이기 때문에 교육을 받고자 하는 사람에게는 장학금 제도로 충당하는 대책을 준비하고 있다. 하기야 미국의 대학 학비, 특히 사립대학 등록금은 일본보다 비싸기 때문에 장학금 제도가 없다면 대다수의 사람이 고등교육을 받을 수 없게 된다. 따라서 장학금 제도를 내실화하지 않을 수 없다. 누구나 평등한 기회를 가질 수 있도록 장학금 제도를 내실화하고 많은 사람에게 대학교육을 받을 수 있도록 해 온 미국의 의지는 높이 평가해야 한다.

다만 최근 미국의 교육에 급속한 변화가 오고 있다는 것을 언급하지 않을 수 없다. 예를 들면, 즈즈미 미카(堤未果)는 『가난한 대국 미국 2(貧困大国アメリカ II)』(2010)에서 최근 미국 대학의 등록금이 급등하고 있고 고리의 학자금 대출에 의존해야 하는 학생들이 증가하여 '학자금 대출 지옥'에 빠져 있는 학생들이 눈에 띄게 늘어났다고 한다. 대출에 시달리는 학생들과 가족 그리고 거액의 대출 잔고에 파산하는 학생들이 늘어나고 있는 것 같다. 이러한 상황은 지금까지의 미국 모습과는 달라 앞으로 어떻게 될지 그 추이가 주목된다.

5) 대학 학비가 필요 없는 유럽

한편 유럽의 대학교육은 미국과는 크게 다르다. 유럽에서는 몇 개국을 제외하고는 대학 등록금이 기본적으로 없다. 국가가 비싼 교육비를 부담하고 학생에게 등록금 부담을 요구하지 않는다. 미국에서는 비싼 등록금을 학생에게 부과하지만, 장학금 제도를 내실화해서 학생의 경제 부담을 완화하려 한다. 이렇게 미국과 유럽에서는 학생들의 부담을 완화하는 수단이 다르다. 일본은 대학 학비가 비싼 점에서는 미국과 비슷하면서도 미국만큼 장학금 제도가 내실화되어 있지 않아 학생이나 가계에 엄청난 경제적 부담을 주고 있다.

유럽은 대학생 수가 미국이나 일본보다 적다. 고등학교 졸업생 중

대학에 진학하는 비율이 일본이나 미국보다 낮다. 따라서 유럽의 각
나라 정부가 국립대학에 지출하는 교육 비용은 절대액으로 치면 미
국이나 일본보다 적다. 그러나 유럽에서도 최근에는 대학생 수가 급
증하고 영국처럼 등록금을 부과하는 나라도 생겼고 독일처럼 지금
까지는 주립대학뿐이었으나 사립대학이 설립된 국가도 나타나는 등
유럽도 변화의 과정에 놓여 있다. 일본에서는 고등학교 졸업생의
50% 이상이 대학에 진학하기 때문에 유럽처럼 등록금 무상화 정책
도입은 불가능하지만, 등록금 액수를 낮추는 정책은 기대할 수 있을
것이다.

3. 빈곤 가정의 증가와 교육 문제

비싼 학비, 불충분한 장학금 제도로 저소득층 아동이 질 높은 교
육, 특히 대학교 진학을 원해도 여러 가지 어려움이 있다는 점을 알
게 되었다. 더구나 최근에는 경제불황으로 상황이 더 나빠지고 있다.
이제 일본의 저소득층과 빈곤에 허덕이는 사람들이 어느 정도 있
는지에 눈을 돌릴 필요가 있다. 저소득층과 빈곤층이 많을수록 현재
일본의 미흡한 학비 지원제도로 교육기회의 불평등이 심해지기 때
문이다.

1) 빈곤율의 상승

일본이 양극화 사회로 들어섰다는 사실을 인정하지 않는 사람도

일부 있지만 많은 사람이 인정하고 있다.[3] 1억 인구 모두가 중산층이라는 말은 과거의 환상이 되었고, 이제는 빈곤의 격차가 큰 양극화 사회가 되었다. 부유층 자녀는 능력이 없거나 공부에 흥미가 없는 경우를 빼고는 돈이 없어 교육을 받지 못하는 일은 없다. 학부모의 경제적 조건은 빈곤자에게는 심각한 과제다.[4]

이제 일본의 빈곤층을 살펴보자. 일본의 빈곤율, 곧 몇 %가 빈곤한가의 변화 과정은 어떠한가? 일본에는 각종 소득에 관한 통계가 있지만, 각각 특징 또는 장단점을 지니고 있다. 가장 신뢰할 만한 통계로는 후생노동성이 내놓는 〈국민생활 기초조사〉를 들 수 있다. 이 조사는 일하지 않는 사람까지 포함해 모든 직업과 모든 연령층을 대상으로 하고 있으며, 나아가 사회보험료나 사회보장급부의 정보까지 담고 있기 때문이다.

이 통계조사에 기초하여 일본의 빈곤율을 살펴보자. 사실 지금까지의 자민당 정권하에서는 일본의 빈곤율을 공식적으로 발표하지 않았다. 국제기구가 추계한 일본의 빈곤율이 유일한 자료였다. [그림 4-7]은 OECD가 발표한 선진국들의 빈곤율이다.

여기서 빈곤율의 정의를 내려 보자. 한 가구당 소유하고 있는 가처분소득이나 소득을 가족 수로 조정한 수치를 최고인 사람부터 최저인 사람까지 늘어놓고, 그 중간 순위에 해당되는 사람의 소득, 즉 중위권 소득을 기준으로 삼는다. 이 중위권 소득의 50%에 못 미치

3 橘木俊詔『日本の経済格差―所得と資産から考える(일본의 경제격차―소득과 재산으로 생각한다)』岩波新書, 1998年; 橘木俊詔『格差社会 何が問題なのか(격차사회 무엇이 문제인가)』岩波新書, 2006年

4 일본의 빈곤에 관한 경제학적 분석에 대해서는 橘木俊詔·浦川邦夫『日本の貧困研究(일본의 빈곤 연구)』東京大学出版会, 2006年

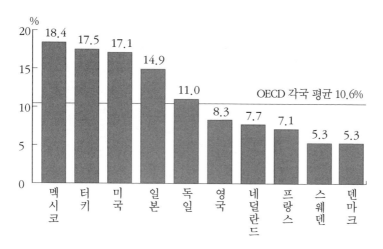

[그림 4-7] 주요 국가의 빈곤율

출처: OECD, *Growing unequal*, 2008

는 소득자를 빈곤자라 정의한다. 예를 들어, 2004년도에는 중위권 소득이 254만 엔이었는데 그 절반인 127만 엔 이하의 소득자는 빈곤자가 되는 것이다. 빈곤율은 이러한 빈곤자가 사회 전체에서 몇 % 인가 하는 수치다. 이를 학문적인 용어로는 '상대적 빈곤율'이라 부른다. 상대적이라고 하는 것은 다른 나라 국민이나 그 국가의 소득 배분 현상과 상대적으로 비교해서 정의되기 때문이다.

참고로 다른 통계 자료에서 얻은 빈곤율도 제시하고자 한다. [그림 4-8]은 총무성의 〈전국 소비자 실태 조사〉에 따른 것인데, 후생 노동성의 자료보다 빈곤율 수치가 약간 낮다. 이 자료는 표본과 약간의 편차가 있고 연간 수입에도 약간의 오차가 있어 빈곤율 수치의 정확성이 약간 떨어진다. 그럼에도 이를 소개한 이유는 20년 전과 비교해서 빈곤율이 상승했다는 사실을 지적해 두기 위해서다.

[그림 4-9]는 은퇴자와 무직자를 제외한 일하는 사람 중에서 빈곤

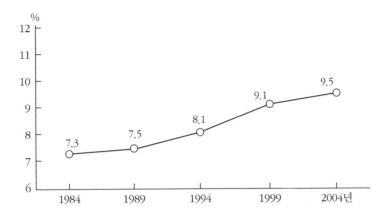

[그림 4-8] 상대적 빈곤율의 변화

주: 물가를 조정한 세대 기준.
출처: 総務省의 〈全国消費実調査(전국 소비자 실태 조사)〉에 근거해 작성; 文部科学省 〈教育安心社会の実現に関する懇談会(교육 안심 사회의 실현에 관한 간담회)〉 報告書, 2009年

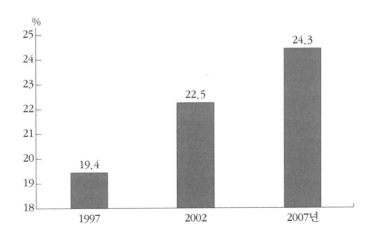

[그림 4-9] 연간 근로소득 150만 엔 미만의 근로자 비율

출처: 総務省의 〈就業構造基本調査(취업구조 기본조사)〉에 근거해 작성; 文部科学省 〈教育安心社会の実現に関する懇談会(교육 안심 사회의 실현에 관한 간담회)〉 報告書, 2009年

자가 어느 정도 있는지를 나타낸 것이다. 여기서도 연간 수입 150만 엔 미만의 사람은 10년간 19.4%에서 24.3%로 증가했다는 것을 알 수 있다. 이 두 그림에서 일본의 빈곤율이 높아졌음을 알 수 있다.

정권이 자민당에서 민주당으로 바뀌면서 최근에야 일본의 빈곤율이 발표되었다. 2009년 10월의 발표에 따르면, 2007년 조사에서 일본의 빈곤율은 15.7%였다. 이는 [그림 4-7]의 OECD 국가와 비교해도 꽤 높은 수치다. 일본의 빈곤 문제가 심각한 상황이라는 것에서 일본 경제가 불황기임을 엿볼 수 있다.

왜 일본의 빈곤율이 이 정도로까지 높아졌을까? 그 요인을 대강 열거해 보자. 첫째, 일본 경제가 1990년대부터 장기 불황기에 접어들었기 때문이다. 이 때문에 실업자가 증가하고 임금 상승도 없으며 오히려 때에 따라 임금이 낮아지는 경우도 있었다. 둘째, 기업은 생존을 걸고 임금을 삭감하고 시간제 근로자나 파견근로자와 같은 비정규직 근로자를 늘렸다. 셋째, 최근 10년간 자민당 정권이 신자유주의에 의한 정책을 추진하고 규제를 완화함으로써 사회에 약육강식의 강도를 더했기 때문이다. 넷째, 재정난의 영향을 받은 연금, 의료, 간병 등 사회보장제도 개혁이 저소득층에게는 큰 타격을 주었기 때문이다. 다섯째, 최저 임금이 여전히 낮기 때문에 저임금을 막지 못하고 생활보호제도가 불충분해서 빈곤자를 구제하기 위한 정책이 제대로 기능하지 않기 때문이다.

2) 빈곤 아동의 증가

아동은 스스로 돈을 벌지 못하기 때문에 교육비를 부담할 학부모

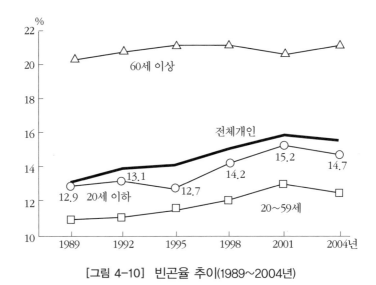

[그림 4-10] 빈곤율 추이(1989~2004년)

출처: 阿部彩『子どもの貧困―日本の不公平を考える(아동의 빈곤―일본의 불평등을 생각
하다)』岩波新書, 2008年

의 빈곤 정도가 그들의 교육에 직접적인 영향을 준다. 가정의 빈곤
은 자녀에게도 대물림된다. 이처럼 가정 형편은 빈곤 가정 아동의
교육에 영향을 줄 것이므로 이를 먼저 들여다보자. [그림 4-10]은
1989~2004년의 20여 년간의 빈곤율 변화를 나타낸 것이다.

이 그림에서 20세 이하의 아동의 경우 1990년 무렵에는 빈곤율이
13%쯤이었으나, 그 뒤 급상승해서 21세기에 들어서면 15%를 넘었
다. 2004년에는 14.7%로 약간 낮아졌으나, 현재 7명 중 1명 정도의
아동이 빈곤자라는 실태다. 빈곤 아동이 이 정도로 많으면 아동이
원해도 만족스러운 학교교육을 받을 수 없을 것이다.

그러면 어떤 학부모의 아동이 빈곤한가? 〈표 4-2〉는 아동이 속
한 가족 구성과 빈곤율의 관계를 나타낸 것이다. 학부모와 아동만이

〈표 4-2〉 가족 구성과 빈곤율　　　　　　　　　　　　　　(단위: %)

	구성비	빈곤율
핵가족 가정	63.2	11
3대 거주 가정	28.5	11
모자(母子) 가정*	4.1	66
부자(父子) 가정*	0.6	19
고령자 가정**	0.1	–
기타 가정	3.4	29

* 1인 부모와 20세 이하 자녀로 구성된 가정.
** 고령자 가정은 표본이 15명으로 작기 때문에 통계적으로 유의한 빈곤율을 산출하기 힘듦.
출처: 阿部彩 『子どもの貧困—日本の不公平を考える(아동의 빈곤—일본의 불평등을 생각
　　하다)』 岩波新書, 2008年

사는 핵가족 가정과 3대가 사는 가정의 빈곤율은 11%로 그다지 높
지 않다. 그런데 어머니와 자녀로 구성되어 있는 모자 가정의 빈곤
율은 66%로 꽤 높다. 모자 가정의 구성비가 4.1%로 얼핏 낮아 보이
나, 아베 아야(阿部彩)가 『아동의 빈곤(子どもの貧困)』(2008)에서 지
적하듯이 이혼 여성은 아동을 데리고 친정으로 돌아가는 경우도 있
어 이런 모자 가정은 3대 거주 가정에 속한다고 해석할 수 있다. 이
런 형편을 고려하여 그 수치를 조정하면 모자 가정의 구성비는
5.5% 정도로 추정된다. 여하튼 모자 가정이 경제적으로 심각한 상
황에 놓여 있음은 분명하다.

　일본의 빈곤율을 다른 나라의 빈곤율과 비교하면 어떨까? 〈표 4-
3〉은 후생노동성이 공표한 1인 부모 가정(모자 가정 및 부자 가정)의
빈곤율을 다른 선진 국가와 비교한 것이다. 이를 보면 일본의 1인 부
모 가정의 빈곤율이 58.7%로 눈에 띄게 높다는 것을 알 수 있는데,
이는 OECD 국가의 평균인 30.8%의 약 두 배에 이른다. 또 부모가

〈표 4-3〉 주요 각국의 빈곤율		(단위: %)
	1인 부모 가정	자녀가 있는 경제활동인구 세대
덴마크	6.8	2.2
스웨덴	7.9	3.6
프랑스	19.3	6.9
영국	23.7	8.9
OECD 평균	30.8	10.6
독일	41.5	13.2
캐나다	44.7	12.6
미국	47.5	17.6
일본	58.7	12.5

주: 2000년 중반 조사 실시. 조사 시기는 국가에 따라 차이가 있음.
출처: 『日本経済新聞(일본경제신문)』2009年 11月 14日付

노동가능인구[5] 세대인 자녀의 빈곤율은 OECD 국가의 평균이 10.6%인 데 비해, 일본은 12.5%다. 일본에서는 1인 부모 가정의 빈곤율이 약 5배인 데 비해 OECD 평균은 약 2배인 바, 이는 일본의 1인 부모 자녀의 빈곤이 심각함을 말해 준다.

　일본의 1인 부모 가정의 자녀들이 매우 심각한 빈곤 상태에 놓여 있다는 것이 일본의 당면 문제다. 특히 부자 가정보다도 모자 가정의 빈곤이 더 심각하다. 모자 가정의 엄마는 저임금 시간제 비정규직 근로자로 일할 수밖에 없어서, 이와 같은 불리한 취업 상황이 그들의 심각한 빈곤을 낳는 요인이 되고 있다. 남성에 비해 교육 수준

---

5 역주: 원서에는 '現役世代'(세대주가 18세 이상 65세 미만)란 용어를 사용하고 있으나, 여기에서는 한국의 유사 개념인 '노동가능인구 세대(세대주가 15세 이상 64세 미만)'로 번역하였다.

이 낮거나, 이혼하기 전까지는 전업주부였다가 이혼 후 취업하려니 취업 경험이 부족하여 힘들게 되고, 더욱이 단순 육체노동을 하려 해도 여성에게는 한계가 있다. 더구나 육아에 시달리기 때문에 독신 자나 남성처럼 장시간 일하기도 곤란하다. 이러한 다양한 불리한 요인이 겹침으로써 1인 부모 가정은 심각한 빈곤 상태에 빠져 있다.

오사카에 거주하는 모자 가정을 대상으로 한 조사를 보면, 그곳에서 자란 아동 중 40%는 중학교만 졸업하고 말거나 고등학교를 중퇴한다는 보고도 있다. 이미 보았듯이, 일본의 고등학교 진학률은 95%를 넘었기 때문에 고등학교는 의무교육이나 다름없다. 이런 현상 속에서 모자 가정의 아동은 고등학교를 졸업할 수 없을 정도로 꽤 힘든 상황에 놓여 있다고 할 수 있다. 교육을 제대로 받지 못한 사람은 자기 부모와 마찬가지로 빈곤자가 될 가능성이 높다. 빈곤의 대물림(재생산)이 나타나는 것이다.

3) 저학력자와 취직

저소득자, 특히 빈곤 가정의 자녀가 저학력으로 끝날 수밖에 없다는 것을 알았다면, 이제 그들이 어떤 직업을 가지고 어떻게 일하는지에 관심을 두어야 한다. 1장에서 일본의 학력격차는 3극화되어가고 있다고 했다. 여기서는 주로 고등학교 졸업 이하(고등학교 중퇴, 중학교 졸업자 포함)인 제3계층인 저학력자들의 취직에 주목하자.

한때 프리타[6]라는 직업이 주목을 받은 적이 있다. 자기가 좋아하

---

6 역주: 영어 free와 독일어식 표현인 arbeiter를 합친 일본식 영어 freeter의 일본식 발음. 1980년대 후반 일본의 버블경제 시기에 취직할 곳은 많은데도 일부러 취직하지 않고 자

〈표 4-4〉 학력별 프리타 비율 (단위: %)

	학력	1982년	1987년	1992년	1997년	2002년
남성	초등학교, 중학교	4.3	9.1	12.3	15.6	21.7
	고등학교·(구)중학교	2.4	4.4	4.9	7.2	10.7
	전문대(단대, 고등전문)	2.2	3.3	3.1	5.1	7.6
	대학, 대학원	1.2	1.4	1.4	2.7	4.5
	전체	2.4	4.0	4.4	6.4	9.3
여성	초등학교, 중학교	12.9	27.2	32.1	42.4	50.2
	고등학교·(구)중학교	6.5	10.7	11.1	20.0	30.4
	전문대(단대, 고등전문)	7.3	8.2	6.9	12.1	16.0
	대학, 대학원	8.0	8.9	6.8	9.6	9.6
	전 체	7.3	10.8	10.2	16.3	21.9

주: 학력 불명인 경우는 제외.
출처: 小杉礼子·堀有喜衣編『キャリア教育と就業支授―フリーター·ニート対策の国際比較(커리어교육과 취업지원―프리타 니토 대책의 국제 비교)』勁草書房, 2006年

는 일을 편리한 시간에 맞춰 일하는 형태다. 젊은이들에게 자유를 만끽할 수 있는 직업이라 해서 유행한 적도 있었지만, 실제로는 저임금에 열악한 근로조건에서 일을 해야 하는 형편이었다. 〈표 4-4〉는 학력별로 프리타의 비율을 나타낸 것이다. 이 표를 보면, 중학교를 졸업한 프리타는 2002년에 남성이 21.7%, 여성이 50.2%에 이르고, 고등학교를 졸업한 프리타도 남성이 10.7%, 여성이 30.4%에 달한다. 한편 전문대나 4년제 대학 졸업자의 경우는 10% 이하(여성 전문대는 16%)이므로, 학력이 높아지면 프리타가 될 비율은 낮아진다고 할 수 있다.

프리타의 대다수가 고등학교 졸업자, 고등학교 중퇴자, 중학교 졸

___
유롭게 살고자 했던 젊은이들을 일컫는 말이었다. 일본의 아르바이트 잡지 『From A』의 편집장 미치시타(道下)가 1987년에 만들어 낸 말로 알려져 있다.

업자와 같은 저학력 제3계층이어서 저학력자는 프리타가 될 위험성
이 크다는 뜻이다. 프리타가 되는 젊은이가 어떤 학력을 가진 사람
들인지에 관한 조사를 보면 인문계 고등학교 졸업생이나 중퇴자가
많다는 것이다.[7] 고등학교에서 배우는 국어, 수학, 영어, 과학, 사회
나 대학입시에 필요한 과목에 관심을 가지지 못하고 학습의욕을 잃
은 젊은이가 많았던 것이다. 그들은 고등학교 교사들이 대학교 진학
률을 높이기 위해 대학 진학 희망자들은 열심히 가르치면서 자기네
들처럼 대학 진학을 희망하지 않는 학생들에게는 소홀히 한다고 불
만을 토하고 있다.

특히 인문계 고등학교에서는 기능을 배울 수가 없어 졸업하거나
중퇴해도 곧바로 일할 수 있는 일자리도 없다. 이 때문에 어쩔 수 없
이 프리타가 되는 젊은이가 적지 않았다. 상업, 공업, 정보 등의 실
업계에서 기능을 배운 고등학생들이 시간제 비정규직이 될 비율이
인문계 고등학교 졸업생의 비율보다 낮다고 이미 말했는데, 프리타
가 되는 경우도 실업계 고등학교 졸업자가 인문계 고등학교 졸업자
보다 더 낮았다. 이런 점에서 보아도 인문계 고등학생의 수가 실업
계 고등학생 수보다 더 많다는 것이 일본 고등학교 교육의 문제임이
명백해졌다.

그러면 왜 일본에는 저임금 근로자가 많을까? 간단히 말해, 그것
은 시간제, 계약사원, 파견사원 등 소위 비정규직 근로자가 많기 때
문이다. 나중에 정규직과 비정규직 근로자의 임금 차이를 알아보겠
지만, 양자 간에 큰 차이가 있는 것이 일본의 특징이다. 따라서 비정

---

[7] 橘木俊詔『脱フリーター社会—大人たちにできること(탈프리타 사회—어른들이 할 수
있는 것)』東洋経済新報社, 2004年

규직 근로자의 수가 많으면 저임금에 만족해야 하는 사람이 많다는
것을 의미한다. 그런데 일본의 노동시장에서 비정규직의 대다수는
여성이다. 따라서 이제 여성의 학력과 빈곤이 어떤 관계를 갖고 있
는지를 살펴보자.

4) 비정규직 여성 근로자의 학력

정규직 여성 근로자와 비교한 뒤, 비정규직 여성 근로자의 학력
구성을 살펴보면 무엇을 알 수 있을까? 〈표 4-5〉는 여러 취업 형태
의 여성 근로자의 학력이 어떻게 분포되어 있는지를 나타낸 것이다.
먼저 여성 근로자 전체를 놓고 보면 대학·대학원 졸업자(13.4%)
와 전문대 졸업자(21.5%)가 별로 많지 않다. 이는 모든 연령의 여성

〈표 4-5〉 여성의 취업 형태별로 본 최종 학력(2003년)   (단위: %)

	중학교	고등학교	전수학교	2년제 대학	대학· 대학원	합 계
전체	3.6	51.5	10.0	21.5	13.4	100.0
정규직 사원	1.1	44.7	10.1	27.0	17.1	100.0
계약직 사원	6.7	40.4	14.4	19.5	19.0	100.0
출향사원	4.8	46.8	11.1	23.5	13.7	100.0
파견근로자(상용고용형)	2.9	44.0	10.8	25.4	16.9	100.0
파견근로자(등록형)	1.0	33.2	11.3	30.3	24.2	100.0
임시직 고용자	18.8	41.1	5.8	7.2	27.2	100.0
시간제 근로자	6.3	62.7	9.3	14.5	7.3	100.0
기타	8.4	55.4	10.0	16.2	9.9	100.0

주: 성별, 취업 형태, 연령에 관한 무응답은 제외.
출처: 労働政策研究·研修機構 〈雇用の多様化の変遷(고용의 다양화의 변천): 1994~
2003〉 2006年

을 포함하고 있어, 꽤 오래전에 학교를 졸업한 여성도 많고 과거에
는 여성 고학력자가 그렇게 많지 않았기 때문이라 볼 수 있다. 이에
비해 고등학교를 졸업한 여성은 51.5%로 과반수를 차지하고, 중학
교를 졸업한 여성은 3.6%로 꽤 낮다. 전수학교(專修學校)[8]를 졸업한
여성이 10% 있다는 점을 눈여겨 두기 바란다.

  다음으로는 최종 학력별로 비정규직 근로자의 수에 주목하자. 각
칸의 수치는 각 취업 형태에 해당되는 학력 소지자를 뜻한다. 대학
교 졸업 여성은 정규직 사원, 계약직 사원, 출향사원(出向社員),[9] 상
용고용형 파견근로자,[10] 등록형 파견근로자,[11] 임시직 고용자가 많
은 편인데, 시간제 근로자는 7.3%로 낮아서 대학교 졸업 여성이 시
간제 근로자가 되는 경우는 소수라고 판단해도 좋다. 특히 등록형
파견근로와 임시직 고용에 대학 졸업자가 많은 것이 눈에 띈다. 전
문대 졸업 여성은 상용고용형 파견과 등록형 파견이 많으며, 출향사
원도 꽤 높다. 정규직 사원도 높은 비율이지만, 대학교 졸업 여성과
는 달리 시간제 근로자도 약간 있다. 전문대 졸업 여성은 파견근로
에 집중되고 있다고 할 수 있다. 고등학교 졸업 여성은 모든 취업 형

---

8 역주: 수업 연한이 1년 이상으로 직업 또는 실생활에 필요한 능력과 교양의 육성을 목적
  으로 한다. 중학교를 졸업하고 진학하는 고등과정(고등전수학교)과 고등학교를 졸업하
  고 진학하는 전문과정(전문학교) 그리고 일반과정이 있다.

9 역주: 재직자 중 회사의 발령으로 관계회사 등에 전출을 가서 그 회사에 근무하는 직원.

10 역주: 상용고용형 파견근로자는 원청기업(근로자가 적을 두고 있는 회사)과 하청기업
  이나 계열사 등이 서로 근로 계약을 맺어 파견 근로케 하는 근로자를 뜻한다.

11 등록형 파견근로자는 파견을 희망하는 근로자가 원청기업에 등록한 뒤 업무가 있을
  때, 곧 파견처가 정해질 때마다 원청기업과 근로 계약을 맺은 뒤 파견 근무하는 사람이
  다. 상용고용형 파견근로자보다 고용이 훨씬 더 불안정해서 등록형 파견을 금지해야
  한다는 목소리가 높고, 현 정권도 이를 따르려고 한다(역주: 이 부분은 본문에 있으나
  문맥상 각주로 내렸다).

태에 두루 속한다는 것을 알 수 있다. 다만 주목해야 하는 것은 시간
제 근로자의 60%가 고등학교 졸업자라는 점이다.

지금까지 논의한 것을 요약하면 다음과 같다. 정규직 사원은 모든
학력에 걸쳐 있다. 대학 졸업 여성은 임시직 고용자와 등록형 파견
근로자에 상대적으로 많고, 고등학교 졸업 여성은 시간제 근로자가
많다. 학력이 높으면 파견근로에 고용될 가능성이 높고, 그 반대이
면 시간제 근로에 고용될 가능성이 높다는 뜻이다. 이 차이는 대학
교 졸업자와 고등학교 졸업자가 습득한 기능 수준의 차이에서 오는
것으로 이해할 수 있다. 즉, 대학교 졸업 여성은 전문적 기능을 가진
경우가 많지만, 고등학교 졸업 여성은 두드러진 전문적 기능을 가진
경우가 많지 않기 때문이다. 전자는 파견근로자가 될 수 있지만, 후
자는 그다지 높은 기능이 필요 없는 시간제 근로자가 되는 것이다.

〈표 4-6〉은 여성이 여덟 가지 직종에 있어서 여러가지의 취업
형태가 어떻게 분포되어 있는지를 나타낸 것이다. 정규직 사원의 경

〈표 4-6〉 여성의 취업 형태별로 본 직종(職種)의 구성 비율(2003년)

(단위: %)

	전문적·기술적 업무	관리 업무	사무 업무	판매 업무	서비스 업무	보안 업무	운수·통신 업무	기능공, 생산공정 업무
정규직 사원	9.9	3.7	69.6	7.4	4.4	0.0	0.4	4.6
계약직 사원	57.8	0.5	20.5	3.6	7.4	0.1	0.6	9.5
파견근로자(등록형)	7.5	0.4	80.5	1.8	3.9	0.0	2.1	3.7
시간제 근로자	7.6	0.4	27.7	14.6	29.1	0.1	3.1	17.4

주: 취업 형태 및 직종에 관한 무응답 및 직종 기타는 제외. 취업 형태별로 모든 직종 비율
을 합계하면 100이 됨.

출처: 勞働政策研究·研修機構〈雇用の多樣化の変遷: 1994~2003(고용의 다양화의 변
천: 1994~2003)〉2006年

우, 69.6%가 사무직에 종사하고 있어 압도적으로 높은 비율이며, 다음으로 전문적·기술적 업무에 9.9%, 판매 업무에 7.4%, 서비스 업무와 기능공, 생산공정 업무에 각각 5% 정도가 종사하고 있다. 여성의 정규직 근로자의 대다수는 일반 사무 업무에 종사하고 있음을 알 수 있다.

계약직 사원으로 눈을 돌리면 그 사정은 완전히 바뀐다. 전문적·기술적 업무가 57.8%를 차지해 상당히 높아져서 사무 업무 20.5% 보다 월등하게 높다. 여성 계약직 사원은 높은 수준의 직종에 취업하고 있고 급료도 그에 따라 높다고 본다. 그 이외에는 서비스 업무와 기능공으로서 일하고 있는 여성도 각각 10%에 약간 못 미치지만 이들 직종도 무시할 수 없다.

등록형 파견근로자의 경우는 사무 업무에 종사하는 사람이 80.5% 나 된다. 이에 등록형 파견근로자는 일반 사무직 종사자, 곧 등록형 파견과 사무직은 동일하다고 봐도 된다. 다음으로 많은 것이 전문적·기술적 업무로 7.5%인데, 첫 번째의 등록형 파견근로자 비율과 엄청난 차이가 난다.

시간제 근로자의 경우는 비교적 다양한 직종에 분포되어 있지만, 전문적·기술적 업무를 맡는 계약직 사원이나 사무직으로 근무하는 사람은 많지 않다. 비교적 많은 직종이 서비스 업무 29.1%와 사무 업무 27.7%다. 서비스 업무는 슈퍼마켓의 시간제 근로를 생각하면 된다. 그다음은 기능직, 생산직과 판매 업무로 각각 10%대다. 이들 직종은 그다지 높은 기능이 필요 없는 단순 근로가 많다. 시간제 근로는 다양한 업무와 직종으로 분산되어 있지만 그 업무는 비교적 단순 근로에 가깝다.

5) 여성 임금의 양극화

그렇다면 정규직 여성과 비정규직 여성의 임금 차이는 어떤가? 월임금을 비교하기 전에 두 가지를 이해할 필요가 있다. 하나는 대부분의 비정규직 근로자에게는 보너스가 지급되지 않거나 지급해도 적은 액수이고, 다른 하나는 상당수의 비정규직 근로자가 고용, 연금, 의료, 간병 등의 사회보장제도에서 배제되어 있다는 것이다. 따라서 비정규직 근로자의 근로조건은 상당히 열악한 상황에 있다고 할 수 있다.

매월 수령하는 임금에는 어떤 차이가 있는가? 근로시간으로 조정한 1시간 임금액을 여성의 취업 형태별로 나타낸 것이 〈표 4-7〉이

〈표 4-7〉 여성의 취업 형태별 근로시간 조정을 한 시간급 (단위: 엔)		
	평균	
	1999년	2003년
정규직 사원	1,418	1,258
계약직 사원	1,370	1,134
출향사원	1,440	1,515
파견근로자(상용고용형)	1,192	1,045
파견근로자(등록형)	1,346	1,168
임시직	922	888
시간제 근로자	956	881
기타	1,029	940
합계	1,221	1,096

주: 성별, 취업 형태에 관한 무응답은 제외. 소비자 물가지수(2000년 기준)에 의한 물가 상승률을 조정한 후의 금액이다.
출처: 勞働政策研究·研修機構 〈雇用の多樣化の変遷 : 1994~2003(고용의 다양화의 변천: 1994~2003)〉 2006年

다. 이 표에 나타낸 1시간 임금액은 연령, 근속기간, 학력, 직종 등과 같은 근로자의 특성을 고려하여 조정한 수치는 아니다. 따라서 여성 근로자의 이들 특성을 무시하고 특정 취업 형태별로 평균 임금만 산출한 것임에 유의할 필요가 있다.

2003년의 경우, 가장 높은 임금을 받은 여성 근로자는 출향사원으로 1,515엔이고, 가장 낮은 임금을 받는 여성 근로자는 시간제 근로자로 881엔이다. 출향사원의 근로시간은 짧은 경우가 많은데, 한 기업에서 다른 기업으로 일하러 가는 직원에게는 높은 임금을 지불하고 있다. 출향사원의 수는 많지 않지만, 많은 수의 정규직 사원은 1,258엔을 받아 두 번째로 임금이 높다. 그다음에 속하는 직종이 상용고용형 파견근로자와 등록형 파견근로자 그리고 계약직 사원인데, 이들의 임금은 1,000~1,100엔대로 평균적으로 봐서 정규직 사원보다 약간 임금이 낮다. 그러나 직종에 따라서는 이들 취업 형태가 임금이 높은 경우도 있을 수 있다.

여성 근로자 중 가장 많은 수를 차지하는 시간제 근로자의 임금이 다양한 취업 형태 중 최저인데, 다른 취업 형태와 비교해 보는 것도 중요하다. 특히 전일제로 일하는 정규직 사원과 비교해 보는 일이 가장 중요한데, 시간제 여성 근로자의 임금은 시간당 881엔으로 전일제 여성 근로자의 임금 1,258엔의 70% 수준밖에 되지 않는다.

정규직 사원에게는 책임과 어느 정도의 어려운 일을 처리할 수 있는 능력이 요구되므로 시간제 근로자보다 임금이 높은 것은 납득이 간다. 그러나 임금 차이가 너무 크다. 이 차이를 시정하고 양자를 공평하게 하기 위해서는 네덜란드가 도입하고 있는 동일 노동·동일 임금의 원칙을 일본도 도입할 필요가 있다. 간단히 말하면, 동일한 일을 하는 사람에게는 정규직, 비정규직이라는 취업 형태로서의 신분 차이에 관계없이 시간당 임금을 동일하게 하는 원칙이다. 일본의 노사관계에서 볼 때 이 원칙을 곧바로 도입하려면 많은 어려움이 따르겠지만, 이런 방향으로 양극화를 시정해야 할 필요가 있다.

지금까지 언급한 내용을 정리하면, 학력이 낮은 사람은 비정규직 근로자가 될 확률이 높으며, 더구나 그들의 임금은 정규직 근로자에 비해 상당히 낮다. 이것이 일본의 현상이고, 학력이 낮은 사람은 저임금에 만족해야만 하는 경향이 높아지고 있다. 또 앞에서 본 것처럼, 일본에서는 공교육비 지출이 적어서 가계 부담에 의존하는 비율이 높아지고 있어 빈곤 가정의 자녀들이 대학에 진학하는 일은 점점 더 어려워지고 있다. 빈곤 가정이 늘고 이에 맞물려 저학력자가 저임금 상태에 놓이는 경우가 늘어나 일본이 안고 있는 큰 문제가 되고 있다.

제 5 장

평등이냐 자유냐, 그리고 취업을 위한 교육과 평생교육*

---

*역주: 이 장의 원제목은 '교육의 역할을 묻는다.'이나, 이 장의 핵심 내용이 드러나도록 하기 위해 '평등이냐 자유냐, 그리고 취업을 위한 교육과 평생교육'으로 의역하였다.

지금까지 일본의 학교교육, 학력, 취업 등에서 양극화 현상이 어떻게 나타나고 있는지를 살펴보았다. 특히 4장에서는 일본이 다른 선진국에 비해 공교육비 지출이 빈약해 학생들이 상급학교로 진학할 때 교육의 기회균등이 제대로 이루어지지 못하고 있음을 알 수 있었다.

이제 일본의 이러한 교육양극화를 해결하기 위한 답을 얻기 위해 먼저 교육정책 관련 사회철학들을 살펴보자. 이에 덧붙여 자유주의적 교육정책이 무엇인지 알아보고, 일자리와 교육의 연계를 내실화할 수 있는 방안이 무엇인지도 알아보자.

1. 교육정책 관련 사상

교육양극화를 시정하거나 교육개혁을 직접 관장하는 곳은 문부과학성, 교육위원회, 교원을 포함한 교육계 사람들이다. 그렇지만 최종적인 결단은 정치적 차원에서 하게 된다. 따라서 교육정책을 세울 때 교육계가 어떻게 움직여야 하는지 등과 관련된 교육사상 또는 교육철학을 검토해 봐야 한다. 이제 몇 가지의 교육사상 또는 교육철학을 논의해 보기로 하자.

1) 일본 교육정책의 세 가지 흐름

히로타 쇼코(廣田照幸)는 현재 일본의 교육개혁을 추진하는 데 크게 세 가지의 흐름이 있다고 말한다. 첫째는 문부과학성을 중심으로 하는 '규제주의'이고, 둘째는 시장 원리를 주축으로 한 '신자유주의'이며, 셋째는 '정치적 자유주의·사회민주주의'다. 이들을 간단히 살펴보기로 하자.

첫째, 문부과학성을 중심으로 하는 규제주의는 자민당 정권에서 이른바 문교족(文敎族)[1]이라 불렸던 국회의원과 문부과학성이 결탁

---

[1] 역주: 일본의 국회의원들은 하나 이상의 위원회(部會)에서 장기간 정책 검토 활동을 하는 과정에서 그 분야의 전문지식과 경험을 축적하고 관료들과 인적 네트워크를 구축하고 관련 정책 분야에 강한 영향력을 행사한다. 이러한 중견의원 집단을 족의원(族議員)이라 부른다. 집권 여당의 정무조사위원회에는 농림족, 건설족, 후생족, 문교족, 우정족 등이 있다.

해서 일본의 교육계를 규제하려고 했던 흐름이다. 강력한 관료적 규제가 중앙과 지방 교육계를 통제해 왔는데, 이를 후원한 집단은 문교족 국회의원이었다. 이들 국회의원은 주로 자민당 정권의 여당 의원들이었는데, 2009년 9월 민주당 정권이 탄생하자 그때까지 문교족 역할을 해 온 자민당 의원은 이제 야당이 되었다. 따라서 이제 그들이 얼마나 힘을 발휘할 수 있을지 불투명해졌다. '탈관료'가 새 정권이 추구하는 표어인 점을 감안하면, 규제주의 세력은 앞으로 약화될 가능성이 있다. 이 규제주의는 중앙 통제의 획일적 교육을 이상으로 한다는 점이 가장 큰 특징이다. 전국을 통일된 교육제도로 운영함으로써 교육의 질을 확보하고, 그러기 위해서 가능한 한 중앙규제를 유지·강화하는 데 주안점을 둔다. 정부가 교육비를 많이 지출해야 한다고 주장하지 않고, 가계 부담이 되어도 좋다는 생각을 간접적이지만 지지해 왔다.

둘째, '신자유주의'는 자유를 최상의 가치로 존중하는 사고다. 규제를 배제하고 시장 원리에 맡겨 두는 것을 특징으로 하며, 교육에도 경쟁 원리를 도입해서 효율적 운영을 목표로 한다. 시장을 존중하기 때문에 정부에 의한 교육비 지출은 최소한으로 억제하는 정책이 바람직하다고 생각한다.

셋째, '정치적 자유주의·사회민주주의'는 구 사회당의 교육정책에 기원을 두는 흐름이다. 이미 언급하였듯이, 수십 년 전까지 일본교직원노동조합은 교육행정에 큰 영향력을 행사하면서 구 문부성의 교육정책에 대항해 왔다. 그러한 일본교직원노동조합을 중심으로 유지되어 온 이 흐름도 현재는 영향력이 약화되어 사회민주주의라는 온건한 사상으로 바뀌고 있다. 이른바 평등주의와 자유주의를 표방하는 정치적 자유주의가 꽤 접근했기 때문에, 양자를 묶어서 '정치적 자유주의 · 사회민주주의'라고 부른다. 그러나 나중에 명확해지겠지만, 이들을 자세히 들여다보면 이 흐름에도 여러 가지 유파가 혼재해 있다.

2) 다섯 가지 교육사상

히로타의 세 가지 기본 사상을 좀 더 세밀하게 나누면 다섯 가지의 교육사상으로 분류할 수 있을 것이다.

(1) 획일적 규제 교육

이것은 문부과학성을 중심으로 하는 규제주의 사상을 말하는 것이므로 더 이상 논하지 않겠다

(2) 보수주의 교육

보수주의란 문부과학성의 중앙 규제 교육정책과는 성격이 다른 사상으로, 보수 이데올로기에 기반을 두고 교육을 바라보는 흐름이다. 예를 들면, 국가주의를 표방하면서 졸업식에 국기 게양과 애국가 제창을 반드시 실시할 것과 도덕교육을 중시한다. 이와 함께 학교에서는 교사와 학생, 가정에서는 학부모와 자녀 또는 남편과 아내, 기업에서는 상사와 부하의 종적인 주종관계를 강조한다.

제2차 세계대전 이전에 '교육칙어'를 전국 학교에 배포하여 학생들에게 읽힌 것도 이 보수주의에 해당된다. 교육칙어는 일본을 천황제 국가로 삼는 한편, 유교주의에 입각한 도덕교육도 강조하면서 수

신(修身) 과목을 필수 교과로 했다. 그러다 1945년 이후 신헌법이 공포되면서 이러한 사상은 배제되었다. 그러나 이 사상을 교육에서 부활시키고자 하는 움직임이 여전히 일부에서 존재해 왔다. 2006년 「교육기본법」의 개정은 이러한 보수주의 사상을 담으려고 하는 움직임이 뒷받침한 것이었다.

한편 이런 사상에 반대하는 움직임도 뿌리 깊다. 입학식이나 졸업식에서 국기를 게양하고 애국가를 제창하는 일에 반대하다 교사가 처벌받는 사건이 반복되고 있다. 이 보수주의는 정치적 사상의 하나인 바, '사상의 자유'가 존중되어야 하는 교육계에 이러한 보수주의적 사상이 작용해서는 안 된다. 이 문제에 관해서는 더 이상 언급하지 않겠다.

(3) 신자유주의 교육

이는 앞에서 말한 바 있는 신자유주의에 근거한 교육사상이다. 이를 좀 더 상세히 살펴보기로 하겠는데, 신자유주의 교육사상은 프리드리히 하이에크(Friedrich A. Hayek)와 밀턴 프리드먼(Milton Friedman)의 경제사상이 교육에 영향을 미친 것이라 생각하면 된다. 민간의 자유로운 경제활동과 개인의 자유로운 선택을 보장하는 것이 경제의 번영과 개인의 행복을 가져온다는 생각이 교육영역에 영향을 주면서, 교육에서도 자유와 선택이 보장되어야 한다고 보는 시각이다. 예를 들면, 교육을 받는 쪽, 곧 학생이 희망하는 학교에 자유롭게 진학할 수 있게 하는 제도를 마련하는 것이 바람직하다고 여긴다. 따라서 1학군 1학교 등과 같은 강제적 규제를 폐지하고, 학생이 다니고 싶어 하는 학교를 선택할 수 있게 하는 대(大)학구제가 바람직하다고 보는 것이다.

대학구제가 실시되면 많은 학생이 모이는 우수한 학교와 그렇지 않은 학교로 나뉠 것인데, 우수한 학생이 모이지 않는 학교는 학생을 유치하기 위해 교육의 질을 향상시키기 위한 노력을 할 것이고, 우수한 학생이 모이는 학교도 더 좋은 학생을 확보하기 위한 노력을 게을리 하지 않을 것이며, 이렇게 되면 교육의 효율성이 높아질 것이라고 주장한다. 이러한 자유 선택의 장점을 존중하는 것이 이 신자유주의의 근본 사상이다. 따라서 이는 이미 논한 바 있는 '획일적인 규제 교육'과는 대립되는 개념이다.

그러나 신자유주의적 사상이 지닌 장점이 역으로 단점이 될 우려도 있다. 방금 예로 든 개인이 자유롭게 학교를 선택할 수 있는 대학구제의 경우는 학교 간에 학생의 실력차가 생기고 그것이 확대되고 고정화될 우려가 있다. 이렇게 되면 학교 간 차이는 축소되기는커녕 오히려 확대될 가능성이 크다. 이런 현상 때문에 학교 간 차이가 존재한다는 것이 내가 지적하고자 하는 바인데, 이 문제는 나중에 다시 논하기로 한다.

최근 일본의 교육은 주식회사도 학교를 설립·운영할 수 있게 하는 등 규제를 완화하고, 효율을 우선시하는 정책을 취해 왔다. 아베 신조(安倍晋三) 정권도 학교 선택제를 촉진하고 학생 수에 따른 예산 배분을 하는 '교육 바우처제'를 비롯해 신자유주의 정책을 추진하려고 시도한 바 있다. 그러나 이 정권이 오래 지속되지 않아 이러한 정책이 실현되지는 못했다.

이렇게 볼 때, 신자유주의적 교육개혁은 정지된 것 같다. 더구나 민주당 정권이 탄생되어 신자유주의를 추진하려는 움직임도 한 발

짝 후퇴한 느낌이 든다. 앞으로 새로운 변화가 나타날지 모르지만
아직은 불투명하다.

(4) 일본교직원노동조합의 비판적 사상

1960년대 초 일본교직원노동조합은 전국일제학력검사 반대 운동
과 교원 근무 평정제도 반대 운동 그리고 '문교족' 국회의원·구 문
부성 교육정책에 강경한 반대 운동을 전개한 바 있다. 특히 학생을
성적에 따라 분류하고 그 서열로 '능력주의'에 따라 차등하는 교육
을 강하게 반대했다. 양극화를 긍정하거나 선별을 분명히 하는 교육
에 반대한 것이다. 이러한 반대 운동이 일정한 제동 장치로는 성공
했지만, 그 뒤 일본교직원노동조합의 힘이 약해지면서 저항 세력으
로서의 역할도 퇴색되었다.

이처럼 혁신 세력이 약화된 데다, 유럽의 사회민주주의 사상에 접
근한 이른바 복지국가의 틀이 고려되면서 그 안에서 평등하고 다원
적인 사회를 목표로 하는 교육정책이 채택되었다. 그러면서 다음에
상세히 논할 '정치적 자유주의 교육'을 위한 교육정책과 큰 차이가
없어지는 방향으로 전개되었다.

(5) 정치적 자유주의 교육

자유주의는 20세기 최대의 철학자로 불리는 존 롤스(J. Rawls)의
『정의론(A Theory of Justice)』(1971)으로 대표된다. 그 후 롤스는
2001년에 『공정으로서의 정의 재설』[2]에서 자유주의란 개념 대신

---

2 Rawls, John, *Justice as Fairness, a Restatement*(공정으로서의 정의 재설), Cambridge,
  Massachusetts Belknap Press, 2001(ロールズ, ジョン, 田中成明・亀本洋・平井亮

'정치적 자유주의'라는 독자적인 용어를 사용하였다. 따라서 나도 여기에서 자유주의란 말 대신 '정치적 자유주의'라는 용어를 사용하기로 한다.

롤스의 『정의론』에서 자유주의는 두 가지의 원리가 있다. 첫 번째는 '자유의 원리'로, 모든 사람은 누구에게도 침해받아서는 안 되는 기본적인 자유의 권리를 가지고 있다는 것이다. 두 번째는 그 유명한 '격차의 원리'로, 사회에서 가장 혜택받지 못하는 사람[3]의 이익을 최대화해야 한다는 것이다. 그는 모든 사람에게 공평한 기회가 주어져야 한다고 주장하였는데, 이것이 현대 자유주의의 기본 사상이다.

나는 이 자유주의가 교육에서 중요하다고 생각한다. 그 이유는 자유를 인정하지 않고 위로부터 통제를 강조하거나, 자유를 앞세우며 결과의 불평등을 소홀히 하는 사상도 문제가 있다고 생각하기 때문이다. 지금의 교육양극화를 어떻게 해소할 것인가를 검토하기 위해서는 롤스의 주장이 담고 있는 시사점을 참고해야 한다.

이에 따라 다음 절에서는 이 자유주의에 입각해서 일본의 교육양극화를 어떻게 해소할 것인가를 탐색해 보기로 한다.

輔訳 『公正としての正義 再説』 岩波書店, 2004年)
3 역주: 이러한 부류의 사람들을 '사회적 약자'로 번역하기로 한다.

2. 리버럴리즘과 교육정책

1) 리버럴리즘이란

리버럴리즘(liberalism)을 '자유주의'로 번역하면 오해가 생길 우려가 있으므로 그냥 리버럴리즘이라고 쓰겠다. 미야데라 아키오(宮寺晃夫)가 『리버럴리즘의 교육철학―다양성과 선택(リベラリズムの教育哲学―多様性と選択)』(2000)에서 정확하게 지적하고 있듯이, 번역어 '자유주의'가 롤스가 말한 두 가지 원리 중 첫 번째 원리인 자유만 고려하고 두 번째 원리인 사회적 약자의 이익은 최대화하지 않는다는 인상을 주기 때문이다. 또한 네오 리버럴리즘(neo-liberalism)을 신자유주의로 번역하고 있는 상황에서 리버럴리즘을 '구자유주의', 곧 자유만을 존중하는 일파로 혼동할 우려도 있기 때문이다.

이렇게 리버럴리즘을 자유주의로 번역하면 오해가 생긴다. 법철학자 이노우에 타츠오(井上達夫)도 리버럴리즘을 자유주의로 번역하는 것이 정확하지 않다고 주장하고 있다. 이노우에는 자유가 리버럴리즘에서 중요한 가치이긴 하지만 가장 근본적인 가치는 아니라고 본다.[4] 그는 자유가 해방자도 억압자도 될 위험한 양면성을 포함하고 있으므로 정확하게 사용해야 한다고 지적한다. 그러면서 자유의 스승이 될 가치 이념은 오히려 '정의'라는 가치며, 정의야말로 리버

---

[4] 井上達夫 『他者への自由―公共性の哲学としてのリベラリズム(타자를 향한 자유―공공성 철학으로서의 리버럴리즘)』 創文社, 1999年; 井上達夫 『自由論(자유론)』 岩波書店, 2008年

럴리즘의 근본 사상이라고 한다.

현대의 대표적인 리버럴리스트인 로널드 드워킨(R. Dworkin)도 리버럴리즘의 근본으로 '평등한 존경과 배려에의 권리'라는 평등주의적인 인격권을 지적하고 있다.[5] 드워킨에게도 평등이 자유보다 위에 있는 것이다.

이상의 논의를 바탕으로, 그리고 미야데라 아키오가 정의하고 있듯이, 나는 리버럴리즘을 '개인에 의한 의사결정의 자유를 존중함과 동시에 그 자유가 사람들 사이에서 평등하게 공유되는 것을 바람직하다고 보는 사회적 입장'으로 정의하고자 한다. 쉽게 말해서, 리버럴리즘이란 자유를 평등하게 배분해 나가고자 하며, 자유와 함께 평등의 계기(어떤 것을 움직이거나 규정짓는 근거·요인이 될 수 있는 것)로서 성립되어 있다고 생각한다.

2) 교육에서의 리버럴리즘

자유와 평등을 중시하는 리버럴리즘이라는 측면에서 교육을 살펴보자. 리버럴리즘을 자유로만 한정하면 평등이란 개념이 배제된다. 자유로운 교육만 강조하다 보면 교육을 받는 사람들의 학력(學力)이나 학력(學歷)에 따른 차이와 같은 교육양극화를 확대하고 말 것이다. 이러한 염려는 마르크스주의로부터 찾을 수 있다.

신자유주의에 입각해서 규제를 없애고 시장 원리에 근거해서 교

---

5 Dworkin, Ronald, *Sovereign Virtue: The Theory and Practice of Equality*, Harvard University Press, 2000(ドゥウォーキン, ロナルド, 小林公·大江洋·高橋秀治·高橋文彦訳『平等とは何か』木鐸社, 2002年)

육정책을 실시하면 교육양극화가 심해진다는 점을 앞에서 지적했다. 가장 알기 쉬운 예가 부유한 가정에서 자란 아이는 질 높은 교육을 받지만 가난한 가정에서 자란 아이는 질 낮은 교육을 받을 수밖에 없어 교육양극화가 확대되는 경우다. 마르크스주의는 이 신자유주의 교육사상을 비판해 왔다고 해도 좋다. 마르크스주의 교육사상으로는 경제학자인 사무엘 보울즈(S. Bowles)와 허버트 긴티스(H. Gintis)의 『미국 자본주의와 학교교육』(1976)[6]이 대표적이다.

리버럴리즘의 또 하나의 기둥이 평등이기 때문에 가정환경에 관계없이 모든 학생에게 평등한 교육을 베풀어야 한다는 교육정책을 보기로 들어 보자. 예컨대, '1학군 1개교'라는 정책은 학교 간의 격차를 없애고 모든 학생이 동일한 교육을 받게 하는 학교제도라고 생각하면 된다. 현재 일부 공립학교에 학교선택제가 도입되고 있는 경우가 있으나, 과거에는 대다수의 공립 초·중학교가 이 '1학군 1개교' 제도를 적용받았다.

그렇지만 모든 학생이 동일한 교육을 받기 때문에 얼핏 평등한 교육정책으로 보이지만 이 제도에도 문제는 있다. 교육을 받는 사람의 능력이나 노력에 따라 차이가 발생하기 마련인데, 이는 분석적 마르크스주의 정치학자인 존 로머(J. Roemer)가 『기회의 평등』(1998)[7]에서 제기한 문제다. 나는 마르크스주의 경제학자는 아니지만, 로머의

---

6 Bowles, Samuel and Herbert Gintis, *Schooling in Capitalist America-Educational Reform and the Contradiction of Economic Life* (미국 자본주의와 학교교육―교육개혁과 경제생활), Basic Books, 1976(ボールズ, サミュエル, ハーバート・ギンタス, 宇沢弘文訳 『アメリカ資本主義と学校教育』 1·2, 岩波書店, 1986, 87年)

7 Roemer, E. John, *Equality of Opportunity*(기회의 평등), Harvard University Press, 1998

책에서 자극을 받아 교육의 기회평등에 찬성하는 바가 많다. 따라서 로머의 교육기회 평등론을 살펴보기로 한다.

3) 로머의 교육기회 평등론

로머가 주장한 것은 다음 두 가지로 요약할 수 있다. 첫째, 로머는 사람마다 타고난 능력에 차이가 있으므로 이 점을 인정해야 한다고 본다. 타고난 능력에는 IQ로 측정되는 학업능력만이 아니라 신체능력, 모습, 성격 등도 포함되는데, 여기서는 주로 학업능력을 말한다. 사람마다 타고난 능력에 차이가 있는 것은 당연하고, 능력이 있는 사람이 노력하면 학업성적이 점점 더 좋아지지만 능력이 부족한 사람은 같은 노력을 해도 크게 향상되지 않는다. 타고난 능력에서의 이러한 차이는 당사자에게 책임이 있는 것은 아니다. 따라서 타고난 능력이 부족한 사람에게 국가가 교육투자를 많이 해서 그 사람의 학업성적을 높여 줘야 할 책임이 있다고 로머는 주장한다.

둘째, 로머는 타고난 능력이 동일하다 해도 사람에 따라 노력에 따른 차이가 있다고 본다. 노력하는 사람과 노력하지 않는 사람 간에 결과적으로 생기는 교육양극화와 소득양극화 역시 당연히 발생할 것이다. 그러나 로머가 관심을 기울인 것은 사회에서 노력하는 사람과 노력하지 않는 사람을 어떤 점에서 다르게 봐야 하느냐다. 이렇게 노력에서 차이가 나는 것은 다름 아닌 자라난 가정환경의 차이 때문이라는 것이 로머의 관점이다.

로머가 지적한 첫 번째의 예로 들 수 있는 것은 도시의 교외 지역에 사는 교육 수준이 높은 중상류 부유층, 그것도 형제는 적은 경우다. 두 번째의 예로는 도시의 인구밀집 지대에 사는 하류 계층으로, 학부모의 교육 수준이 낮고 형제가 많은 경우다. 미국을 살펴보면 첫 번째 경우는 백인이 중심이고, 두 번째의 경우는 흑인이 주를 이룬다고 할 수 있다. 이들 두 경우의 자녀들이 타고난 능력이 동일하다 해도, 첫 번째 경우의 자녀는 노력해서 공부를 열심히 할 것이고, 두 번째 경우의 자녀는 별로 노력하지 않고 공부도 하지 않을 것이라는 것이 로머의 생각이다.

이에 따라 첫 번째 경우의 자녀들은 학업성적이 좋아 높은 수준의 교육을 받겠지만, 두 번째 경우의 자녀들은 학업성적이 좋지 않아 낮은 교육 수준에 머물러야 할 것이다. 로머에 따르면, 그런 차이가 발생하는 이유는 첫 번째 경우의 자녀들은 노력이 얼마나 중요한지를 알고 있는 데 비해 두 번째 경우의 자녀들은 노력의 중요성을 모르기 때문이다. 이 점은 카리야 다케히코(苅谷剛彦)가 지적한 '인센티브 디바이드(incentive divide)'와 비슷한 생각이다.[8]

로머는 카리야의 주장에 한 가지를 더했는데, 첫 번째 경우의 자녀들이 다니는 학교는 교육의 질이 높고 학생의 학업성적이 점점 더 향상되는 데 비해, 두 번째 경우의 자녀들이 다니는 학교는 교육의 질이 떨어져 학생들의 학업성적도 향상되지 못하는 경우가 있다. 이러한 설명이 옳다면 이를 시정하기 위한 강력한 정책을 요청할 필요가 있다. 한마디로 두 번째 경우의 자녀들이 다니는 학교에는 교육 투자를 많이 해서 학생 일인당 교원 수를 늘리거나 그곳에 우수한 교원을 집중적으로 보내거나 하여 교육방법을 개선해야 한다는 것

---

8 苅谷剛彦 『階層化日本と教育危機―不平等再生産から意欲格差社会へ(계층화 일본과 교육위기―불평등 재생산으로부터 의욕양극화 사회로)』 有信堂高文社, 2001年

이다. 이러한 방안을 실행하기가 쉽지는 않겠지만 사회적인 합의가
있으면 불가능한 것도 아니다.

　이러한 아이디어 또는 방안을 일본에 적용해 보자. 학업성적이
낮은 벽지(僻地) 학교나 대도시의 빈곤 지역 학교 그리고 학업능력
이 약한 아동이 많은 학교에 교육투자를 집중적으로 하는 방안을 강
구할 수 있다. 카리야는『교육과 평등(教育と平等)』(2009)에서 벽지
학교에 대한 1950년대의 대책이 좋은 사례이며 그것이 어느 정도
성공했다고 말한다. 현재 벽지 학생들과 대도시 빈곤 지역 학생들
의 학업능력 저하 문제가 다시 제기되고 있는 상황에서 이와 유사한
정책을 마련하여 그들의 학업능력 저하 문제를 빨리 해결해야 할 것
이다.

　미국에서는 이와 관련된 보다 구체적인 정책이 마련되기도 하였
다. 백인 지역과 흑인 지역 간에 존재하는 학교양극화를 시정하기
위해, 교외에 사는 백인 지역 아동을 도심에 있는 흑인 지역 학교에
그리고 반대로 도심의 흑인 지역 아동을 교외의 백인 지역 학교에
버스를 이용하여 집단으로 통학시킨 정책이 그 예다. 인종 문제를
해결하기 위한 하나의 상징적 수단으로서, 1960년대부터 1970년대
에 걸쳐 이러한 버스 통학을 이용한 인종융합 정책이 교육 현장에
도입되었다. 이는 사회적으로도 큰 반향을 불러일으켰고, 나도 미국
의 단호한 정책을 인상 깊게 본 바 있다.

　이 정책이 교육양극화 시정을 위한 것인지, 인종차별 시정을 위한
것인지, 혹은 양쪽 모두를 위한 것인지 결론을 낼 정도의 확실한 정
보는 없다. 그렇지만 이 정책은 인종 문제가 거의 없는 일본에 도입
하여 학업능력 격차 문제 등을 해소하는 데 고려할 가치가 있을지

모른다. 예를 들면, 도쿄에서 학업성적이 높은 학교가 많은 A구와 학업성적이 낮은 학교가 많은 B구 간에 절반 정도의 학생을 상대방의 학구에 강제적으로 통학시키는 정책을 강구할 수 있다. 그러나 일본에서 이러한 정책은 학부모와 주민들의 강경한 반대에 부딪혀 현실적으로 실행되기는 힘들 것이다. 따라서 미국에서 이러한 혁신적인 정책을 강력히 도입한 적이 있다는 것을 소개하는 정도로 그치겠다. 그보다는 B구에 교육비를 더 많이 투자하여 학급당 학생 수를 줄이거나 우수한 교원을 많이 배치하거나 하여 교육방법을 개선하는 등의 정책이 훨씬 더 현실적일 것이다.

4) 선택의 자유와 평등의 문제

공·사립학교의 양극화 현상을 3장에서 설명한 바 있지만, 교육평등이라는 관점에서 이 현상을 다시 한 번 논의해 보자.

공립 A중학교와 사립 B중학교가 있는데, A중학교는 등록금이 무료인 데 비해 B중학교는 학비가 많이 든다. 그런데 B중학교는 우수한 학생과 유능한 교사가 있어서 대학 진학 실적이 좋고 인기가 높다고 가정해 보자. 이런 경우 미야데라 아키오(宮寺晃夫)는 모든 학생에게 사립 B중학교로의 진학문이 열려 있지 않다면 이는 도덕적으로 문제가 될 수 있다고 말하고 있다.[9] 예를 들어, 입학 전에 과외를 받지 못한 가정의 자녀는 B중학교 입시에서 합격할 수 있을 만큼의 학업능력을 성취할 수 없을 뿐더러, 합격한다 해도 비싼 학비를

---

9 宮寺晃夫 『教育の分配論—公正な能力開発とは何か(교육의 분배론—공정한 능력개발이란 무엇인가)』 勁草書房, 2006年

지속적으로 감당할 수 없는 경우가 있다. 누구에게나 사립 B중학교에 시험을 칠 수 있는 자유로운 선택의 기회가 주어져 있지만, 집이 가난해서 학업능력이 부족해서 이 학교에 들어갈 수 없다면 이는 공정성(평등) 관점에서 도덕적인 문제가 될 수 있다.

그러나 공립 A중학교 학비가 싸기 때문에 그 학교를 선택할 자유는 열려 있으므로 이를 도덕적인 문제라고만 볼 수는 없다. 사립 B중학교를 선택할 수 없는 가정의 자녀라 해도 적어도 공립 A중학교에는 진학할 수 있기 때문이다. 따라서 공 · 사립 중학교 간에는 그다지 심각한 도덕적인 문제가 이루어질 수 없다.

그렇지만 공립 중학교 간의 선택에 관한 문제라면 이야기는 복잡해진다. 예를 들면, 2000년 도쿄의 시나가와 구(區)에서는 중(中)학구제와 학교선택제가 중학교에 도입되면서 세인의 주목을 받았다. 현재 이 제도는 도쿄를 비롯해 전국 각지에 확대되고 있지만, 어느 공립 중학교에 진학하느냐 하는 선택 문제가 대두되고 있다. 또한 공립 중 · 고일관교도 도입 중이기 때문에 선택의 자유 문제가 복잡해지고 있다. 교육받을 선택의 자유를 확보하기 위한 정책이 도입 중이라 해도 좋다.

미야데라는 이 문제에 관해서 일본의 교육계가 아직은 그렇게 심각한 문제로 받아들이지 않고 있다고 보고 있다. 그 근거로는 다음의 두 가지를 들고 있다. 첫째, 일본에서는 적어도 의무교육 단계에서는 같은 지역에서 함께 자랄 수 있도록 하는 것이 좋다는 지역 공동체 의식이 남아 있기 때문이다. 둘째, 공립 초 · 중학교 모두 어느정도 수준 있는 교육을 하는 데 성공했다고 보기 때문이다.

나도 이 두 가지 이유가 정확하다고 생각한다. 그렇지만 이러한 경향에 그다지 큰 관심을 가지지 않는 가정도 늘어나고 있고, 사립 중학교에 진학하는 자녀가 증가하는 현상에 초점을 맞추면 걱정되는 바도 있다. 사립 중학교에 진학하고 싶은데 가난해서 포기한 학생을 어떻게 해야 좋을 것인가 하는 문제가 남는다. 중학교는 의무교육 기간에 들기 때문에 그들이 공립 중학교에 진학할 수 있는 권리는 확실히 있으므로 이것이 큰 문제라고 할 수는 없다는 반론도 있을 수 있다.

미야데라가 말한 첫 번째 이유, 곧 의무교육 단계에서의 지역 공동체 의식의 고취와 같은 장점을 별로 의식하지 못하고 있다는 점은 서운한 일이다. 의무교육 단계에서 세상에는 다양한 특성과 가정환경을 가진 학생이 있다는 것을 직접 체험할 수 있다는 것은 중요한 장점이 된다. 사회가 여러 종류의 인간 집합체라는 것을 실제로 체험할 수 있는 것은 아주 가치 있는 일이 될 것이다. 그것을 모르고 성인이 되면 배타적인 생각의 소유자가 될지도 모른다.

이런 의미에서 나는 의무교육 단계에서는 다양한 학생이 다니는 학교제도가 바람직하다고 본다. 따라서 사립 B중학교와 같은 존재는 바람직하지 않다. 다만 고등학교 단계에서는 능력 있고 의욕이 있는 학생의 학업능력을 더 높일 수 있어야 한다고 판단하기 때문에, B중학교와 같은 특성을 지닌 사립 고등학교는 있어도 좋다고 생각한다. 대학 단계가 되면 대학 간의 질에 격차가 생기는 것을 반대하는 의견은 거의 없다.

공립 초·중학교에서 일어나는 따돌림이나 교내 폭력 문제가 언론에 자주 거론되는 데 비해, 사립 초·중학교에서는 이런 문제가 별로 없다. 이 때문에 자녀를 공립학교에 보내고 싶지 않은 학부모의 마음을 이해할 수 있다. 따라서 공립학교에서 생기는 이러한 문제를 해소하기 위해서는 학교뿐만 아니라 사회 전체가 다 같이 노력을 기울여야 한다.

5) 하그리브스와 월포드의 논쟁[10]

영국에서는 1980년대부터 1990년대에 걸쳐 '선택의 자유냐, 평등이냐'를 놓고 옥스포드대의 교육학자인 하그리브스(D. H. Hargreaves)와 케임브리지대의 월포드(G. Walford) 사이에 논쟁이 전개되었다. 자유가 중요한가, 아니면 평등이 중요한가를 생각하는 데 도움이 되기 때문에 이를 간단히 소개한다. 두 사람 모두 영국의 명문 대학에 재직하고 있으면서 두 대학이 라이벌 대학이라는 점에서도 흥미진진하다. 미야데라 아키오는 『리버럴리즘의 교육철학(リベラリズムの敎育哲学)』에서 그들의 논쟁을 상세히 논하고 있는데, 여기에서는 이에 근거해서 그 내용을 소개한다.

하그리브스는 1980년대까지는 종합학교[11] 또는 한 학군 내 한 공립학교에 그곳에 거주하는 모든 학생이 통학하는 것을 자유로운 제도라고 간주하고 있었다. 기회의 평등을 중시한 것이다. 그런데 하그리브스는 1990년대 들어 생각을 바꾸어, 학구 내에 복수의 학교를

---

10 역주: David H. Hargeaves는 영국의 대표적 교육개혁인 SSAT(Specialist Schools and Academies Trust)에 관련을 맺어 온 교육학자로, *The Challenge for the Comprehensive School: Culture, Curriculum and Community*(1982)란 책을 냈다. Geoffrey Walford는 'Self-managing schools, choice and equity'(1993), 'Selection for secondary schooling'(1993) 등의 논문을 냈다.

11 역주: 종합학교(comprehensive school).

허용해 학부모와 자녀에게 선택하게 하는 것이 자유로운 제도라고 여기게 되었다. 이제는 자유를 중시하게 된 것이다. 영국에서는 전자의 학교제도를 종합제라고 하고, 후자의 학교제도를 선택제라고 한다.

하그리브스가 이처럼 종합제에서 선택제로 생각을 바꾼 이유는 학구 내의 종합제 학교에 만족하지 않고 다른 학구로 주소를 옮기거나 사립학교로 진학하며 학비를 추가로 지불하는 경향이 늘었기 때문이었다. 이 때문에 교육의 질이 오히려 나빠져 버렸다. 이러한 문제를 해결하기 위해 학구 내에 복수의 학교를 설립하여 학생들이 원하면 어느 학교에나 들어갈 수 있도록 하려는 것이었다. 이렇게 함으로써 질 높은 학교가 생기게 되고, 그 학교에는 실력 있는 학생이 모이게 된다고 보았다. 한편 인기 없는 학교에는 교원의 배치와 시설 그리고 학습 지도법 개선 등을 위해 정부가 지원해서 학교의 질을 높이는 노력을 하게 한다. 이 방안이 성공하면 학교 간 양극화가 축소되고 전체적으로 그 학구 내의 학업 능력이 향상되어 바람직한 결과를 얻게 된다. 그렇지만 하그리브스는 인기 없는 학교가 노력도 제대로 하지 않아 지원자 수가 감소하면 폐교해야 한다고 보았다.

이에 비해 월포드는 하그리브스가 구상한 제도는 실현되기 힘들다고 주장하면서 인기 없는 학교에 대한 지원도 인정하지 않았다. 월포드는 선택제를 도입하면 사회적인 통합이 무너지고 오히려 분열이 진행되며, 학구 내에 최고 학교부터 최저 학교까지 학교 서열화가 진행될 것이라고 보았다. 이렇게 되면 사회적 분열이 고정될 것이라고 우려하면서 월포드는 종합제를 지지하였다.

월포드는 설령 종합제에서 학교 간에 격차가 생기고 지원자가 입학 정원보다 많아지는 학교가 있어도 입학시험으로 신입생을 선발하지 않고 추첨제와 같은 무작위 선발을 하면 된다고 주장하였다. 이런 제도를 택하면 모든 학교의 질 향상을 기대할 수 있고 학부모나 자녀 모두가 열성적일 것으로 기대했던 것이다.

하그리브스와 월포드의 논쟁이 지니는 의미는 무엇일까? 하그리브스가 공립학교의 학교양극화를 인정하는 데 비해, 월포드는 학교를 가능한 한 평등하게 해 두는 것이 좋다는 견해를 보인다. 이와 같은 영국에서의 교육 논쟁을 보면 일본도 동일한 문제로 고민하고 있음을 알 수 있다. 도쿄의 일부 학구에서 자유선택제를 도입한 것이라든지, 같은 도쿄의 도립 고등학교에서 학교구 제도를 도입한 정책에 대한 과거의 관심을 앞에서 논한 바 있다. 일본의 이러한 문제도 결국에는 학구제와 학교 간 양극화 문제와 직결되는 것이며, 또 선택의 자유냐 평등의 추구냐의 문제와 연결되는 것이다.

6) 교육의 기회평등을 확보하기 위한 세 가지 수단

교육의 기회평등과 관련된 정책 방안으로는 어떤 것이 있을까? 카리야 다케히코가 『교육과 평등』에서 영국의 교육학자 줄리아 이베츠(J. Evetts)의 "교육의 기회평등"[12]에 이에 관한 쉬운 개념과 정책 방안이 있다고 소개하고 있으므로 이를 살펴보기로 한다. 첫째는 아동의 잠재 능력에 상관없이 모든 아동에게 교육자원을 제공해야 한

---

12 Evetts, Julia, "Equality opportunity: The recent history of a concept", *British Journal of Sociology*, Vol. 21, 1970

다는 주장이다. 하나의 표준화된 수단으로 평등을 이룰 수 있다고 보는 것이다. 둘째는 환경적인 요인은 무시하고, 같은 방법으로 능력을 측정한 결과 같은 능력을 소유하고 있다고 판단된 아동들은 모두 같이 취급해야 한다는 것이다. 예를 들면, 능력별 학급편성은 이 사상과 관련된 것이라 할 수 있다. 셋째는 같은 교육을 제공하는 것이 아니라, 불평등한 환경 때문에 교육적 불이익을 당한 아동들을 위해서는 오히려 차별적으로 특별교육을 적극 투입하는 것이다. 그 예로 미국의 헤드스타트 정책(Head Start Project)을 들 수 있는데, 이는 차별받는 인종이나 계층 그리고 문화에 해당되는 아동들에게 취학 전에 교육이나 의료 등의 지원을 하는 프로그램이다.

　카리야는 일본에서는 첫째 타입을 변형한 정책 방안이 실시되어 왔다고 본다. 여기서 말하는 표준화란 전국의 공립 초·중학교에 '보편성, 광범성, 일반성'을 가진 균등교육 또는 일률적인 교육을 하는 것을 뜻한다. 일본에서는 공립 초·중학교에서 개인의 능력과 성적의 차이를 노골적으로 표현하는 것을 피해 왔기 때문에 둘째 타입의 정책 방안이나 셋째 타입의 정책 방안과 같은 교육의 기회평등 개념이나 수단은 도입될 여지가 없었다. 그리하여 일본에서는 능력별 학급편성이 허용되지 않았다. 카리야는 일본에서 일률적인 교육 방법이 채택된 유력한 근거의 하나로 학급제가 중요한 의미를 지닌다고 본다. 왜냐하면 학급은 특정 수의 학생과 특정의 교사로 구성되는데, 거기에는 실력 있는 학생에서부터 실력 없는 학생에 이르기까지 다양한 학생이 배정되므로 그 안에서 각 학생을 고려하여 개별적으로 가르치는 일은 불가능하기 때문이다.

　학년에 학급이 여럿 있으므로 성적이 비슷한 학생끼리 한 학급에 모아, 곧 능력별 학급편성을 하여 수준에 따라 교육을 하면 각 학급의 학업능력이 한층 향상될 것으로 기대할 수 있다. 그러나 이 방식은 이미 언급하였듯이 일본교직원노동조합을 중심으로 한 평등주의 주창자들의 반대로 도입되지 못했다.

일본에서 능력별 학급편성이 어렵다면, 학생의 학업능력을 향상시키기 위해 학급당 학생 수를 줄여 한 명의 교사가 담당하는 학생 수를 줄이는 방법밖에 없지 않은가? 교사가 학생들을 자세히 보살필 수 있으므로 개개 학생의 성적에 따라 지도하기가 쉬워질 것이다. 학생 수가 적으면 개개 학생의 장단점을 한 명의 교사가 파악하기 쉬워질 것이라는 장점도 있다.

학급당 학생 수를 줄이는 방법과 능력별 학급편성을 비교할 때 어느 쪽이 교육방법으로서 더 효율적이고 학생의 성적을 더 잘 향상시킬 수 있을지에 관한 내 판단에는 한계가 있다. 이는 교육 전문가들이 연구해야 할 좋은 과제라 생각한다. 그렇지만 나는 공교육비를 늘려 학급당 학생 수를 줄이는 쪽을 주장하고 싶다. 능력별 학급편성 방법은 수준이 낮은 학급에 배정된 학생과 학부모가 열등감을 가지게 되는 등 여러 가지 문제를 가져올 것이기 때문이다. 내 생각을 실행하기 위해서는 국가가 교육비 지출을 더 늘릴 필요가 있다.

7) 능력별 학급편성의 폐해

능력별 학급편성이 지니는 문제 사례를 하나 더 소개한다. 현재 도쿄대학 등 엘리트 대학에 많은 학생을 진학시키고 있는 나다고등학교는 제2차 세계대전 전의 구제(舊制) 나다중학교 시절 매년 성적 순으로 학급을 편성해 운영한 바 있다. 성적이 가장 좋은 반은 A반, 두 번째는 B반, 세 번째는 C반과 같이 성적이 동일한 수준의 학생을 한 학급에 모았고, 매년 학급편성을 새로이 하였다. 당시의 나다중학교는 같은 시기에 역시 명문 학교였던 고베일중(神戸一中; 현 효고현 고베고등학교)을 따라잡기 위해 이런 수단을 취했던 것이다.

이 방법은 앞서 소개한 이베츠의 평등정책 중 제2의 방식에 해당한다고 할 수 있다. 나다학원이 인지도를 높이는 데 성공한 것이 이런 능력별 학급편성 덕이라고 생각할지 모른다. 특히 능력이나 학업능력이 높은 학생의 학업능력을 더 향상시키는 데 효과가 있었다고 할 수도 있다. 그러나 과거의 나다중학교 졸업생이자 작가인 엔도 슈사쿠(遠藤周作)는 자신도 그랬던 것처럼 처음에는 가장 성적이 좋았던 A반이었지만 마지막에 가장 낮은 D반에 들어가게 됨으로써 열등생이라는 낙인이 찍혀 의욕을 더 상실해 버렸다고 회고한다.

이처럼 능력별 학급편성이 제대로 운용되지 않는 가장 큰 이유는 엔도의 사례처럼 다른 학급보다 못하다는 판정을 받은 학급의 학생이나 학부모가 강한 열등감을 갖게 된다는 점이다. 그런 열등감에 사로잡혀 있으면서도 상위권 학급에 들어가려고 노력할 학생은 극히 일부에 지나지 않을까 생각한다. 열등하다는 낙인을 찍지 않고 자존심에 상처를 주지 않으면서 학생들의 성적을 향상시키기 위한 방법으로, 학급당 학생 수를 줄이거나 우수한 교사를 집중 배치하여 학생 전원의 평균적 학업능력을 향상시키는 방법은 어떨까? 학업성적이 낮다고 판정받은 학급에 속하는 학생과 그 학부모들을 어떻게 납득시킬 수 있을 것인가 하는 점도 문제다.

능력별 학급편성을 하는 방법에는 다음의 두 가지가 있을 수 있다. 첫째는 극히 우수한 일부 학생만을 A반에 모으고 나머지 학생은 평등하게 B반, C반, D반에 배치하는 방법이다. 둘째는 학업성적이 낮은 학생만을 D반에 모으고 나머지 학생들을 A반, B반, C반에 고루 배치하는 방법이다. 첫 번째 방법은 성적 우수자를 더욱더 우수하게 만드는 데 중점을 둔 것이고, 두 번째 방법은 이른바 열등반의 성적을 어떤 방법으로든 향상시켜 보자는 생각이다.

첫 번째 방법의 예를 들면, 고등학교 단계에서 슈퍼 사이언스 클래스 등을 설치하는 등, 일부 학교에서 이미 시행하고 있는 방법이다. 공립학교는 한 학급 안에 이런 능력별 편성을 도입하기가 쉽지 않지만, 일부 국립 또는 사립 중학교는 학교 전체가 첫 번째 방법에서 말한 A반에 속해 있다고 간주할 수 있다. 다시 말해서, 학교 전체 차원에서 볼 때 이미 능력별 학급편성을 실시하고 있는 셈이다. 두 번째 방법은 어떻게 열등반의 학업능력을 향상시킬 것인가와 관련되는데, 이에 대해 일본은 아직 본격적인 대응을 하지 못하고 있다. 어떻게 보면 우수반을 더 우수하게 향상시키기보다 열등반을 어떻게 할 것인가가 더 중요한 과제일 것이다.

열등반을 어떻게 할 것인가에 관해서도 두 가지 방법이 가능하다. 첫째는 국어, 수학, 사회 등 이른바 기본과목의 학업능력을 되도록 높이기 위해 노력하는 일이고, 둘째는 기본과목의 학업능력을 높이는 데 주력하기보다는 오히려 기능교육이나 직업교육을 철저히 시켜 사회에 나가 제 몫을 할 수 있도록 돕는 교육이다. 이 두 가지에 관해서 다음 절에서 논해 보기로 한다.

3. 일자리와 학교교육의 연계

교육을 직업 준비기간으로 보고 어떤 교육을 하면 일을 잘하고 직장을 잘 잡을 것인가에 관해서는 지금까지 교육학의 반응은 차가웠다. 교육은 인간성을 고양하기 위해 하는 것이지 경제적 수단으로 보는 것은 적합하지 않다는 것이 그 주된 이유였다. 그러나 대다수의 사람은 교육을 마치고 취업해서 생활을 꾸려 가야 한다. 의사가 되려면 의과대학에서 의료 지식과 기술을 습득해야만 한다. 의사만큼은 아니더라도 다수의 사람에게 학교교육은 크든 작든 졸업 후의 직업생활과 직결된다. 다음에서는 이런 측면에서 교육을 생각해 보자.[13]

1) 인문계 고등학교 위주의 교육에서 실업교육 위주로

중학교를 졸업한 취직자의 비율이 꽤 줄어들었기 때문에, 여기서는 고등학교 졸업자가 어떤 경로를 거쳐 직업의 세계로 나아가는지를 생각해 보기로 하자. 일본에서 대학교 진학률이 이미 50%를 넘고 있는 지금, 고등학교를 졸업하고 취직하는 비율은 50% 이하다. 이는 고등학교 졸업자의 취직이 소수가 되었다는 뜻이다. 그래도 고등학교 졸업자는 여전히 큰 비중을 차지하고 있다.

---

[13] 橘木俊詔編著『働くことの意味(일을 한다는 의미)』「叢書 働くということ(총서 일을 한다는 것)」ミネルヴァ書房, 2009年

일본의 학생들은 중학교를 졸업하고 고등학교에 들어갈 때 한 가지 큰 결정을 해야 한다. 그것은 인문계 고등학교, 실업계 고등학교, 종합 고등학교 중 어디에 진학할 것인가를 결정하는 것이다. 현재는 인문계 고등학교를 선택하는 학생들이 압도적으로 많은데, 그 이유는 다음과 같다. 첫째, 가능하면 대학 진학을 원하기 때문이다. 둘째, 고등학교를 졸업하고 바로 취직할 것인가를 중학교 단계에서는 결정할 수 없기 때문에 우선 인문계에 진학하며 그 결정을 유예하는 것이다.

두 번째의 이유로 인문계 고등학교에 일단 들어간 다음 졸업 후 취직을 하게 되면 여러 가지 곤란한 문제에 직면하게 된다. 대학 진학을 목표로 하는 고등학생은 실제의 삶에 유용한 교과목보다는 국어, 수학, 영어 등 기본과목이 대학 진학에 중요하기 때문에 이 과목들을 열심히 공부해야 하고, 교사 또한 대학교 진학 희망자에게는 이러한 과목들만 열심히 가르친다. 현재 어떤 인문계 고등학교가 좋은가는 그 졸업생들의 (편차치가 높은) 명문 대학 진학률이 얼마나 높은가로 결정된다고 해도 과언이 아니다. 따라서 학생이나 교사의 관심과 노력은 이런 방향으로 기울어지는 경향이 있다. 특히 대학 진학을 목표로 하는 고등학교는 이런 경향이 현저하다.[14] 인지도가 높은 인문계 고등학교에서는 취직을 원하는 학생이 거의 없으므로 취직에 관한 문제가 큰 관심 대상은 아니다. 오로지 어느 대학교 또는 어느 학부나 학과에 진학하는 것이 좋으냐 하는 진로지도의 문제가

---

14 尾嶋史章編 『現代高校生の計量社会学(현대 고교생의 계량사회학)』 ミネルヴァ書房, 2001年; 樋田大二郎・岩本秀夫・耳塚寛明・苅田剛彦編 『高校生文化と進路形成の変容(고교생 문화와 진로 형성의 변화)』 学事出版, 2000年

중요할 뿐이다.

  그렇지만 수많은 학부와 학과가 설치되어 있는 상황에서 어떤 학부나 학과에 진학하면 어떤 것을 배우고, 졸업하고 나서 어떤 직업을 갖게 되는지를 잘 지도해야 한다. 의학을 전공하면 장래 의사가 되리라는 것은 분명하지만, 여타의 전공은 그 길이 명확하지 않기 때문이다. [그림 5-1]은 고등학교 학생이 어떤 진로지도를 원하는지를 나타낸 것이다. 가장 많이 희망하는 것이 '어떤 직업이 자신의

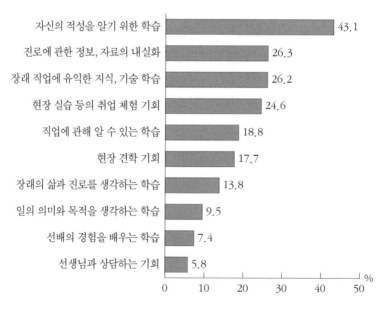

[그림 5-1] 고등학교 진로지도에 대한 바람

출처: 文部科學省〈高校生の就職問題に關する檢討會議報告(고등학생의 취업문제에 관한 검토회의 보고)〉2001年 2月; 寺田盛紀 "普通科高校生の大学への移行・進学課程—職業選択・職業觀形成との関連で(인문계 고등학생의 대학 진학 과정—직업 선택 및 직업관 형성과의 관련에서)"; 寺田盛紀編『キャリア形成・就職メカニズムの国際比較—日独米中の学校から職業への移行過程(커리어 형성・취업 메커니즘의 국제 비교—일독미중의 학교에서 직업으로 이행하는 과정)』晃洋書房, 2004年

적성에 맞는지를 알기 위한 학습'이라는 것에서도 알 수 있듯이, 이
와 관련된 안내나 지도가 중요하다는 점을 엿볼 수 있다. 이는 모든
고등학교에 중요한 일이다.

여기서 문제시할 필요가 있는 학교가 인문계 고등학교 가운데 중
하위권에 처해 있는 학교다. 데라다 모리노리(寺田盛紀)는 이들 고등
학교에서 직업이나 진로를 배울 기회는 진로상담 정도가 있을 뿐 실
질적인 진로지도는 거의 없다고 말하고 있다.[15] 이들 학교에서도 기
본과목인 국어, 수학, 영어 등이 중시되고 있어, 취직을 위한 기술교
육은 거의 이루어지지 못하고 있다. 더구나 중하위권 고등학교 졸업
자를 채용하는 기업이 격감한 상태다. 프리타가 된 고등학생 대부분
은 인문계 고등학교 중하위권에 속한 학교의 졸업생이란 사실을 앞
에서 언급한 바 있다.

인문계 고등학교 가운데서 중하위권 학교, 특히 하위권 학교에 진
학하는 학생들에게는 중학생 때 인문계 고등학교에만 진학하도록
지도할 것이 아니라 지금부터 이야기할 실업계 고등학교에도 진학
하도록 지도할 필요가 있다고 생각한다.

과거 사무직도 인문계 고등학교 졸업자에게 열려 있었기 때문에,
카리야가 『학교·직업·선발의 사회학—고등학교 졸업자의 취직
에 관한 일본적 메커니즘(学校・職業・選抜の社会学—高卒就職の日本
的メカニズム)』(1991)에서 지적했듯이 고등학교 졸업자의 취직은 비

---

15 寺田盛紀 "普通科高校生の大学への移行・進学課程—職業選択・職業観形成との関
連で(인문계 고등학생의 대학 진학 과정—직업 선택 및 직업관 형성과의 관련에서)";
寺田盛紀編 『キャリア形成・就職メカニズムの国際比較—日独米中の学校から職業
への移行過程(커리어 형성·취업 메커니즘의 국제 비교—일독미중의 학교에서 직업
으로 이행하는 과정)』 晃洋書房, 2004年

교적 안정적이었다. 인문계 고등학교 졸업자가 고등학교 졸업 학력으로 일하는 데 별 문제가 없었던 것이다. 그런데 현재는 사무직이 전문대나 4년제 대학 졸업자로 채워지면서 인문계 고등학교 졸업자의 취직이 어려워졌다.

이런 문제를 어떻게 생각해야 좋을까? 이에 관해서는 발상의 전환이 필요하다. 그 한 가지 해결방법으로 인문계 고등학교의 수를 줄이고 실업계 고등학교의 수를 늘리는 안을 생각할 수 있다. 이 안을 주장하는 데는 다음과 같은 이유가 있다. 중학교 졸업자의 대다수가 고등학교에 입학하는 시대가 되었는데, 그들이 국어, 수학, 영어 등의 기본과목을 배우는 데 의욕을 가지지 못하거나 이런 공부를 따라가지 못하는 학생이 생겨나기 때문이다. 취직이나 직업과는 무관한 기본과목을 배우는 데 시간을 낭비하기보다 실업계 고등학교나 전문학교에 진학하여 실무 기술이나 기능을 배우는 편이 고등학교 졸업자에게는 훨씬 도움이 되지 않겠는가? 나는 이런 편이 취직하기도 쉽고 직업인으로서도 유능해질 가능성도 높다고 생각한다.

2) 실업계 고등학교 교육과 취업의 연계

과거 상업, 공업, 농업, 정보 등의 실업계 고등학교 졸업자는 졸업 후 바로 취직하는 경우가 많았고 정규직이 되는 비율도 높았다. 그렇지만 최근에는 실업계 고등학생의 비율이 줄어들었다. 그것은 인문계 고등학교에 들어가 대학에 입학하려는 학생들이 늘어났기 때문이다.

실업계 고등학교를 졸업한 사람의 취직이 괜찮았던 이유 중의 하나는 고등학교 자체에서 취직을 알선하려고 많은 노력을 했기 때문이다. 앞에서 말했듯이, 기업과 학교가 장기간 구인과 구직 관계를 밀접히 하면서 이른바 추천이나 시험에 의한 1인 1사 정책을 충실히 수행하여, 학교 내 추천에서 결정된 사람을 그 회사에 취직시켰던 것이다. 학교 내 추천에서는 학업성적을 가장 중요한 기준으로 삼았고 그다음으로 출석 상황이나 생활기록부를 추가로 고려하였다. 채용과 관련해서는 기업과 학교가 장기적 거래라는 좋은 관계를 맺고 있었던 것이다.

그러나 1990년대 들어 학교와 기업 간의 이러한 관계가 무너지게 되었다. 데라다는 기업과 학교의 관계가 그렇게 고정적이지 않았음을 지적하고 있다. 실업계 고등학교 졸업자들이 선배들이 주로 채용되던 기업이 아닌 다른 기업에 취직하는 경우도 많아졌고, 학교 이외의 채널을 이용해 취직 자리를 알아보는 움직임이 새롭게 나타났기 때문이다.

내가 일본의 고등학교 직업교육에 관해 놀란 것은 실업계 고등학교에서 취직과 관련된 상업, 부기, 공업, 공장 실습 등의 전문과목의 비율이 적다는 것이다. 상업계 고등학교에서는 약 35%, 공업계 고등학교에서 45% 정도의 전문 과목을 배우고 있을 뿐이다. 이렇게 전문과목 비율이 적고 국어, 수학, 영어 등 기본과목의 비율이 높은 이유는 일본 기업이 이들 갓 졸업한 사람들에게 채용 후에 OJT(on the job training)를 적극적으로 실시해 왔기 때문이다. 일본 기업, 특히 대기업은 자사 직원에게 적극적인 직업훈련을 시켜 근로 생산성을 높여서 높은 기술력을 보유한다고 자랑하였다. 그들은 고등학교 졸업자뿐만 아니라 문과계 대학 졸업자에게도 OJT로 훈련을 시켜 왔다. 그러나 최근에 저성장시대가 되자 기업도 자금력이 딸리면서 자사 부담으로 하는 OJT는 줄이고 오히려 회사 밖에서 위탁훈련을 시키는 Off-JT에 의존하게 되었다. 종업원의 이직률이 높아져서 자사가 준비하는 직업훈련의 장점이 없어졌다는 것도 기업이 중도 채용을 늘리거나 Off-JT에 의존하게 된 이유이기도 하다. 이렇게 되면 실업계 고등학교 교육에서도 지금까지 했던 것 이상으로 전문과목과 기술 실습시간을 늘려야 할 것이고, 대학교육에서도 마찬가지다.

3) 대학교육과 취업의 연계

대학 졸업자를 채용하는 방식도 고등학교 졸업자와 비슷하다. 즉, 지금까지는 기업이 대학에 추천을 의뢰해서 그들을 채용하는 방법이 전통적으로 행해져 왔다. 다만 대기업에서는 지정학교제도와 OB · OG[16] 방문에 의한 선발 방식이 주류였기 때문에 대학 이름이 꽤 작용했다는 점에서 고등학교의 경우와 다르다. 고등학교 졸업자의 취직이 채용에서 장기적인 관계를 유지하기 위한 지정학교 제도에 의해 이루어지기도 했지만, 이들 지정학교가 반드시 공부를 잘하는 우수학교는 아니었다. 그 이유는 대학교 진학을 잘 시키는 유명 고등학교의 학생은 거의 다 대학에 진학하기 때문이다. 따라서 보통 수준 정도의 고등학교의 재학생 중 극히 성적이 우수한 사람을 우선적으로 채용한다는 점에 특색이 있었다.

대학 졸업자의 경우, 인지도가 높은 대학교 졸업생이 관련 업계의

---

16 역주: old boy, old-girl(일본식 신조어)의 약자로 졸업생 선배를 의미함.

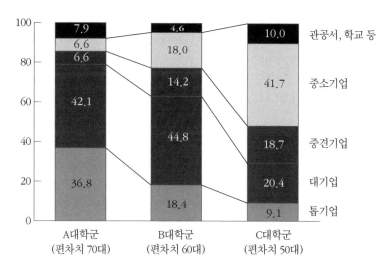

[그림 5-2] 대학 서열별 내정된 기업 규모

출처: 岩內亮一・苅谷剛彦・平澤和司編『大學から職業へ II (대학에서 직업으로 2)』広島
大學教育研究センター, 1988年.; 伊藤彰浩(2004). 伊藤彰浩「大卒者の就職・採用メ
カニズム(대학 졸업자의 취직・채용 메커니즘)」寺田盛紀編『キャリア形成・就職メ
カニズムの国際比較—日独米中の学校から職業への移行過程(커리어 형성・취업 메
카니즘의 국제 비교—일독미중의 학교에서 직업으로서의 이행 과정)』晃洋書房,
2004年

유명 기업이나 대기업에 취직하는 데 비해, 인지도가 중간 수준 정
도인 대학교 졸업생은 적지 않은 비율로 대기업에 취직할 수 있었지
만 대다수는 중견기업이나 중소기업에 취직하였다. [그림 5-2]는
그 현황을 나타낸 것이다. 대학 편차치, 곧 인지도에 따라 어떤 기업
에 취직했는지를 잘 알 수 있는 그림이다. 이를 보면 일본이 왜 학력
사회로 나아갈 수밖에 없었는지를 잘 알 수 있다.

최근 대학 졸업자의 취업도 변화를 보이고 있다. 인터넷을 활용하
여 구직과 취직이 이루어질 수밖에 없게 되었고, 지원자들도 엔트리
방식(신청 또는 응모하는 방식)으로 기업에 접근하게 되었다. 이렇게

응모를 받아 그 가운데서 후보자를 골라 면접하는 방법이 가장 많이 쓰이고, 대학이 직접 알선하는 방식은 드물다. 대학의 취업 지원은 기업에 접근하는 방법, 입사원서 작성하는 법, 면접 보는 법 등에 관해 이루어지고 있다. 그러나 취직이 어려워지면서 신규 기업을 개척해 취직시켜야 하는 일이 대학의 중요한 업무가 되었다. 대학의 명성이 졸업생을 어느 정도 취직시켰는가에 따라 판단되는 시대가 되면서, 대학 측도 이에 생존을 걸고 필사적으로 노력하고 있다.

4) 위협받는 대학교육

고등학교 졸업생의 50% 이상이 대학생이 되는 시대에 대학교육도 크게 변화될 필요가 있다. 그렇다면 대학교육을 어떻게 하면 좋을까? 이에 대한 답은 두 가지를 들 수 있다. 첫째, 교양교육을 강화하고 학문을 깊이 있게 다루는 것이 대학의 존재 의의이므로 대학생의 교양과 학문적 깊이를 내실화하도록 대학에 요구하는 것이다. 둘째, 학문도 중요하지만 더 중요한 것은 대학 졸업 후 유능한 직업인으로 일할 수 있는 소양을 익히도록 준비시켜야 한다는 것이다.

대다수의 교육학자와 소수의 경제학자는 전자를 강조하는 경향이 많다. 경제학자 중 대표적인 사람은 교양인으로 널리 알려진 이노키 다케노리(猪木武德)다. 이노키는 대학이 고전을 중심으로 한 교양교육을 철저히 해야 한다고 주장한다. 동서고금의 원전을 중요시하는 교양교육은 얼핏 일상생활에 도움이 안 되는 것처럼 보이지만, 깊이 있는 학식으로 뒷받침되는 교양이야말로 매뉴얼로는 불가능한 비정형적인 판단을 할 수 있는 실제적인 인간을 육성할 수 있다는 신념에 기초한 주장이다.

역사적으로 볼 때, 유럽에서는 전문적인 직업인 육성을 교육의 중요한 목적으로 삼아 왔다. 구체적으로는 성직자(신학), 의사(의학), 법률가(법학) 등 사회에서 필요로 하는 전문지식인을 배출하는 데 목적을 둔 것이다. 현대의 대학에서도 이들 과목을 가르치고는 있으나, 다른 과목도 포함해서 현재는 과학 연구 활동에 지나치게 편중된 나머지 이들 직업교육이 경시되었다고 이노키는 개탄하고 있다. 이노키의 주장은 대학이 반드시 교양교육만을 특화해야 한다는 것이 아니라 직업교육도 교양교육에 이어 그만큼 중요하다는 것으로 나는 해석한다.

대학이 직업적 소양을 길러야 한다는 후자의 주장은 주로 나와 같은 경제학자나 혼다 유키(本田由紀)와 같은 소수의 교육사회학자가 하고 있다.[17] 나와 마찬가지로 혼다는 직업교육의 중요성을 대학만이 아니라 고등학교까지 포함시키고 있다. 학교 졸업 후 일을 시작해도 일이 마음에 들지 않거나, 일을 원만하게 수행하지 못하거나, 인간관계가 원만하지 못하다는 등의 이유로 젊은이들이 이직하는 경우가 많다고 본다. 이는 학업이 취업으로 원만하게 이행되지 못했음을 우려하는 것이다.

젊은이들의 높은 이직률은 7·5·3이라는 단어로 표현된다. 학교를 졸업해서 취직한 뒤 3년 사이에 중학교 졸업자는 70%, 고등학교 졸업자는 50%, 대학 졸업자는 20%가 이직한다. 최근 후생노동성

---

17 本田由紀『若者と仕事—学校経由の就職』を超えて(젊은이와 일—학교를 경유하는 취직을 초월하여)』東京大学出版会, 2005年; 本田由紀『教育の職業的意義(교육의 직업적 의의)』ちくま新書, 2009年

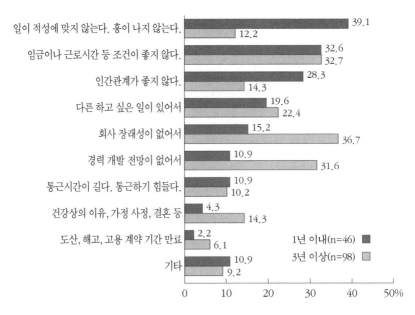

일이 적성에 맞지 않는다. 흥이 나지 않는다. 39.1 / 12.2
임금이나 근로시간 등 조건이 좋지 않다. 32.6 / 32.7
인간관계가 좋지 않다. 28.3 / 14.3
다른 하고 싶은 일이 있어서 19.6 / 22.4
회사 장래성이 없어서 15.2 / 36.7
경력 개발 전망이 없어서 10.9 / 31.6
통근시간이 길다. 통근하기 힘들다. 10.9 / 10.2
건강상의 이유, 가정 사정, 결혼 등 4.3 / 14.3
도산, 해고, 고용 계약 기간 만료 2.2 / 6.1
기타 10.9 / 9.2

1년 이내(n=46) ■
3년 이상(n=98) ▨

0 10 20 30 40 50%

[그림 5-3] 입사 1년 이내와 3년 이상의 이직 사유

출처: 厚生勞働省委託 〈若年者の職業生活に關する實態調査(正社員調査)〉(청소년 직업생활에 관한 실태조사(정규직 사원 조사)〉) 2003年

조사를 보면, 2006년 졸업생 중에 중학교 졸업자 67.3%, 고등학교 졸업자 44.4%, 대학 졸업자 34.2%가 회사를 떠나는 높은 이직률을 보인다. 왜 이직하는가? 그 이유를 정리한 것이 [그림 5-3]이다. 1년 안에 이직하는 사람들은 그 이유로 '일이 적성에 맞지 않는다. 흥이 나지 않는다.'를 가장 많이 들고 있으며, 그다음으로 '임금이나 근로시간 등 조건이 좋지 않다.' '인간관계가 좋지 않다.' 등의 순이다. 근무기간 3년 이상인 경우는 '회사 장래성이 없어서' '경력 개발 전망이 없어서' 등의 순이다.

대학교육에 관해서는 혼다의 『젊은이와 일(若者と仕事)』(2005)이

흥미 있는 자료를 제공한다. 대학 졸업 후 3년째 되는 젊은이들에게 대학에서 배운 지식이 현 직장에서 어느 정도 활용되고 있는지를 물었다. 응답은 '거의 활용하지 못하고 있다.'는 것이었다. 다른 국가의 자료와 비교해도 일본에서 대학교육의 결과가 직업생활에서 활용되지 못하고 있다고 평가할 수 있다. 오히려 일본에서는 일보다는 인격 도야에 도움이 되는 대학교육의 가치를 강조하는 것이 아닌가 하고 혼다는 해석하고 있다.

혼다는 세 가지 차원에서 '교육의 의의'를 논할 수 있다고 한다. 첫째는 지적 발견과 창조라는 학문상의 의의(즉목적(卽目的) 의의)이고, 둘째는 시민과 가정인으로서 사회생활에 필요한 지식이나 기능(機能) 또는 사회 규칙을 배우는 의의(시민적 의의)이며, 셋째는 유능한 근로자로서 일할 수 있도록 직무상의 지식, 기능(技能) 또는 일의 중요성을 배우는 의의(직업적 의의)다.

혼다는 일본의 교육계에서는 직업적 의의가 특히 경시되고 있다고 본다. 나는 직업적 의의로 다음의 두 가지를 들고자 한다. 첫째는 사람은 일하지 않으면 살아갈 수 없다는 의식을 학생이 알게 하는 일이고, 둘째는 실제로 일할 때 직업인으로서 기능(技能)을 어느 정도 발휘할 수 있고 직업능력을 어느 정도 몸에 익히는가 하는 일이다. 첫 번째 것은 일할 의욕을 가지도록 학생 때부터 근로의 의의를 가르칠 필요가 있다는 주장과 관련되고, 두 번째 것은 대학교육이 교양을 높이기 위해서만 존재하는 것이 아니라 직업을 가지고 바로 유능한 직업생활을 할 수 있도록 하는 것이 그 역할이라고 보는 관점과 관련된다. 이노키 다케노리는 교양교육이 우선이고 그다음에 직업교육이 중요하다고 했으나, 나는 직업교육이 우선이고 그다음

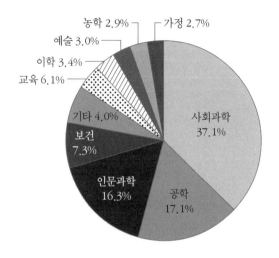

[그림 5-4] 대학 학부별 졸업생과 그 비율(2008년)

출처: 文部科學省〈學校基本調査(학교기본조사)〉

이 교양교육이란 생각이다.

왜 일본에서는 직업교육을 소홀히 하는가? 그 답은 [그림 5-4]에서 나타난 것처럼 대학에서의 전공을 보면 분명해진다. 문학부 등의 인문과학계, 법학부, 경제학부, 상학부 등 사회과학계 비율이 높은데 이러한 전공을 가진 학생들에게 취직 후 대학에서 배운 내용이 직무에 직접 도움이 되는 정도는 몇몇 예외를 제외하고는 낮다. 영문과를 전공해 영어교사가 된다거나 법률을 배워 사법계에 진출하는 경우에는 학부에서 배운 것이 직업에 직접 도움이 되지만, 다른 전공에서는 반드시 그렇지는 않다.

더구나 앞의 [그림 5-2]에서 보았듯이 신입사원을 뽑을 때 대학의 인지도(편차치)에 의존하는 기업이 많다는 것은 대학 시절에 배운 것이 중요한 기준은 되지 못한다는 것을 의미한다. 따라서 직무에

3. 일자리와 학교교육의 연계 211

도움이 되는 대학교육을 하고 있다고 보기는 어렵다. 의학, 약학, 공학, 농학 등 이과에서는 대학에서 배운 기능이 취직 후 직업생활에 활용되는 정도가 문과보다 높기 때문에 방금 말한 주장은 조금 접어둘 필요가 있다.

따라서 대학교육의 직업적 의의를 높이기 위해서는 문과계의 정원을 줄이고 이과계 학생 수를 늘리는 정책을 펼칠 필요가 있다. 혹은 문과에서도 기업에 취직하고 나서 직무에 도움이 되도록 영업직, 인사총무직, 경영관리직, 경리직이라는 업무를 잘 수행할 수 있는 과목을 중점적으로 교육해야 한다.

그런데 일본에서는 기업이나 관공서에서 이과 출신자에 대한 대우가 문과 출신자의 그것에 비해 불리한 경우가 있다. 여기서 상세히 논하진 않겠지만, 승진이나 임금에서 이과 출신자가 냉대받는 경향이 있다. 이과 출신자가 취직하기는 쉽지만 입사 후나 관공서에 들어간 뒤에는 대우가 좋지 않다는 사실이 조금씩 알려진 탓인지, 일본 대학에서는 의학부를 제외하고는 이과계 대학 진학 희망자가 줄어들고 있다. 이러한 현상은 기술입국을 자랑해 온 일본에서 바람직하지 않은 것이므로 기업이나 관공서의 인사정책에 변화가 필요하다.

5) 자긍심을 갖게 하는 교육으로

구마사와 마코토(熊澤誠)는 현 시대에 어울리는 대학교육이 어떠해야 하는지에 관해 대담하게 제언하고 있다.[18] 구마사와의 제언은

---

18 熊沢誠『働き者たち泣き笑顔―現代日本の労働・教育・経済社会システム(일하는 자들의 마지못해 웃는 얼굴―현대 일본의 노동・교육・경제사회 시스템)』有斐閣,

내가 이 책에서 말한 학력의 3극화 중 두 번째에 속하는 학생에 대한 대책으로 이해할 수 있다. 인지도(편차치)가 높은 대학 또는 명문 대학을 졸업한 첫 번째 부류는 대기업이나 중앙 관공서에 취직하거나 의사나 사법계 등에서 전문직이 되지만, 두 번째 부류의 직업은 그렇지 않은 경우가 많아 중소기업 사원이나 비전문직인 경우가 많다. 두 번째 부류의 경우는 말하자면 비엘리트 대학, 곧 일류 대학이나 중간 수준의 대학보다도 하위 수준의 대학에서 배운 사람들이 많다.

이런 대학에서 배운 학생들도 스스로 택한 직업에 자신을 가질 수 있는 희망을 안겨 주는 것이 사회와 교육계의 책무라는 것이 구마사와의 주장이다. '직업에는 귀천이 없다.'고 빈말을 하려는 것이 아니다. 이런 비엘리트 학생들이 자신감을 가지고 일할 수 있게 하기 위해서는 대학이 질 높은 직업교육을 해서 일을 만족스럽게 할 수 있도록 하는 것이 중요하다는 뜻이다. 엘리트 대학을 졸업하지 않아도 또 엘리트 직업이 아니더라도 그 일에서 만족감을 얻고 일할 수 있도록 해 줘야 한다는 뜻이기도 하다. 그러기 위해서는 지금 성행하고 있는 불안정한 비정규직 근로자의 취업 형태가 아닌 정규직 근로자로 취업시켜야 자긍심과 만족감을 가지고 일할 수 있을 것이다.

이를 위해 어떤 조치가 필요한가? 구체적으로 말하자면 인사정책을 바꿔야 한다. 채용 시 인지도가 높은 대학 출신이 유리하다는 것은 어쩔 수 없다손 치더라도, 채용된 뒤의 인사정책에서는 졸업 대학명을 없앨 정도의 자세로 모든 사원에게 평등한 기회를 부여해야 한다. 이런 인사정책을 펴면 일의 결과에 따라 실력과 업적의 차이

1993年; 熊沢誠『若者が働くとき―「使い捨てられ」も「燃えつき」もせず(젊은이가 일할 때―쓰고 버리지도 않고 헌신하지도 않는)』ミネルヴァ書房, 2006年

가 생길 것이며, 업적이 높은 사람이 먼저 승진하고 임금도 많아진 다면 위화감도 적어질 것이다. 한마디로 인사평가가 공평하게 이루 어진다면 사내에서의 위화감은 줄어들 것이다. 실력이나 업적이 낮 은 사람일지라도 동등한 기회는 부여받았다는 인식을 하게 되고, 이 에 따른 차이에 관해서도 납득할 수 있기 때문이다.

여기서 가장 중요한 것은 인지도가 낮은 대학 출신 사원을 차별하 지 않고 그들의 근로 의욕을 약화시키지 않도록 하는 인사정책을 채 택하는 일이다. 높은 임금은 아니라 해도 자긍심을 가지고 일할 수 있을 정도의 임금은 보장해야 한다.

6) 직업교육의 다양화와 내실화

고등학교 졸업자의 취업은 대학 졸업자의 취업보다 훨씬 심각한 문제를 안고 있다. 고등학교 졸업자의 취직률은 낮고 무직자 비율이 높아지고 있으며, 비정규직 근로자 비율이 높고, 근로조건이 열악한 직업을 가진 고등학교 졸업자가 많다. 이런 사람들의 수를 줄이는 일이 현 일본의 중요한 사회적 의무다. 이를 위해 인문계 고등학교 수는 줄이고 실업계 고등학교 수를 늘리는 일, 실업계 교과목 중 전 문교과나 기술 실습의 비율을 높이는 일이 중요하다. 실업계 고등학 교에 입학한 학생이라도 대학 진학을 희망한다면 대학입시에서 상 업, 공업, 농업, 정보 등의 전문과목을 선택하여 시험을 치를 수 있 도록 대학이 배려할 필요가 있다.

제조업이 산업의 중심 역할을 하던 시대에는 제조 능력이 강한 기 능 근로자 육성이 중요했다. 대기업은 물론이고 일부 중소기업에서 세계에 자랑할 기술을 개발하여 질 높은 생산품을 만들어 업적을 올린 기업도 있는데, 그곳에서 우수한 기능을 발휘한 근로자도 있었다. 이런 뛰어난 기능의 소유자를 배출하는 것은 중학교나 공업고등학교를 나온 사람들이었다. 2장에서 소개하였듯이, 초등학교를 졸업한 세계적인 명장(名匠) 오카노 마사유키(岡野雅行)는 "학력(學歷) 따윈 필요 없어!" "학교교육에만 의지하고 있어서는 안 돼!"를 외치며 직장인으로서 성공하는 길을 언급하고 있다. 또 직업능력개발 종합대학교 명예교수이며 직업훈련의 실천과 연구를 해 온 다나카 만넨(田中萬年)도 기본적으로는 제조업에 종사할 사람의 육성이 중요하다는 것과 '제조학습'을 장려하여 제조의 즐거움을 기르자는 말을 하고 있다.

나도 제조업을 위한 뛰어난 기능 근로자 육성이 앞으로도 중요하다고 생각한다. 다만 시대가 변하면서 새로운 유형의 근로자가 필요하다는 점에 유의할 필요가 있다. 그것은 서비스업, 의료, 간병, 교육계 등에 종사하는 근로자들이다. 일본의 산업 구조가 제조업에서 서비스업이나 3차 산업으로 옮겨 가고 있음은 주지의 사실이다. 과거에 일본은 제조업에서 서구 선진국 따라잡기를 목표로 삼아 비교우위를 유지해 왔다. 그러나 현재는 중국이나 한국을 비롯한 발전도상국과 경쟁하고 있다. 이들 국가에 제조업을 어느 정도 양보할 수밖에 없는 것은 세계 산업 변화의 역사가 말해 주고 있는 바이기도 하다.

그렇게 되면 일본의 산업에서는 서비스업, 의료, 간병, 교육, 연구 등의 업무에 종사하는 사람 수를 늘리지 않을 수 없다. 서비스업이란 음식, 오락, 판매, 유통, 주택, 금융, 보험, 사법 등 다양한 산업과 업무로 구성되어 있으면서 인간 생활에 직접 관련된 일들이다. 고령화 사회로 돌입한 일본에서는 의료와 간병에 종사하는 사람의 수요가 많아지고 있음이 확실하다. 교육, 학술, 연구 분야도 예를 들어, 고학력화된 현재에서는 학교의 교직원 수도 늘려야 할 것이다. 최첨단의 기술 경쟁과 학문은 설령 제조업이 산업의 중심에서 벗어난다 해도 지식사회인 현대에서는 필요한 분야다.

여기서 언급한 의사, 사법 관계자, 교원, 연구자는 대학이나 대학원에서 교육을 마치고 나서 취업하게 되는 직업이므로 이들 직업을 가지려면 대학의 직업교육이 충실해야 한다. 나머지 많은 직종에서는 고등학교나 전문학교의 직업교육에 기대하는 바가 크다.

7) 일류 요리사를 배출하는 고등학교 교육의 사례

TV 프로그램에서 나를 엄청나게 감동시킨 사례가 있어 소개하고자 한다. 2009년 10월에 마이니치방송(每日放送)에서 방영한 '정열대륙(情熱大陸)'에서 미에(三重) 도립 오우카(相可)고등학교 음식조리과에서 일류 요리사 양성 교육을 하고 있는 모습이 소개되었다. 고등학교 학생들이 레스토랑인 '손자 가게'를 운영하거나 무라바야시 신고(村林新吾) 선생의 지도 아래 요리방법, 음식 재료를 다듬는 방법, 레스토랑에서 손님을 접대하는 방법 등을 엄격하게 교육하는 모습이 방영되었다. 각종 고등학교 요리대회에서도 우승한 성적 때문에 취직률은 레스토랑 업계에서 100%라고 한다. 직업교육으로 성공한 좋은 사례다.

내가 이 프로그램에 또 하나 흥미를 가진 이유는 무라바야시 선생

〈표 5-1〉 학교생활을 통해 배우고 싶은 것

항목	%
• 직업에 필요한 전문지식, 기능, 자격, 면허	58.8
• 사회인으로서의 매너	43.5
• 직업 선택법	33.6
• 각 직업의 내용	29.9
• 근로자의 권리, 고용보험 등 직업에 필요한 기초 정보	27.5
• 취직 활동의 노하우	26.4
• 공공직업안정소의 이용법	20.4
• 각 직업의 임금, 근로시간 등 근로조건	17.3
• 프리랜서나 무직자의 리스크	16.7
• 학교에서 배우고 싶은 것이 특별히 없다	14.9
• 읽기, 쓰기 및 수학 등의 기초 학력	11.0
• 선배들의 취업처	6.6
• 기타	3.8

출처: 厚生労働省『労働経済白書(노동경제백서)』(2005年版); 厚資料는 UFJ 総合研究所
〈若年者のキャリア支援に関する実態調査(청소년의 커리어 지원에 관한 실태조
사)〉(厚労省委託, 2003年)

의 경력이었다. 무라바야시 선생은 오사카 경제법과대학을 졸업했
으니까 아마 경제학이나 법학을 전공했을 것이다. 경제와 법률을 배
우고 사회과 교사 자격증을 취득했을 가능성도 있다. 그러나 경제나
법률에서 한 사람의 몫만 수행하는 것에 만족할 수 없다고 생각했는
지 요리전문학교를 나와 음식조리과 교사가 되었다. 나는 대학의 문
학, 법학, 경제 등의 문과계 학부는 직업인을 양성하는 데는 충분하
지 않다고 말한 바 있는데, 그야말로 무라바야시 선생의 경우가 이
주장에 맞는 예다. 요리학교라는 전문학교에서 배운 내용이 직업교
육으로서는 훨씬 더 가치가 있었던 것이다.

대학에서 경제와 법률을 배운 것이 완전히 허사라고 할 수는 없다. 학문의 일단을 알게 되었기 때문에 교양을 높일 수 있었고 사회에 대한 폭넓은 시야를 가질 수 있게 되었을 것이다.

지금의 고등학생과 대학생이 학교생활을 하면서 무엇을 배우고 싶은지를 물어보면 직업적인 지식이나 기능 등을 배우고 싶어 했다. 〈표 5-1〉을 보면, '직업에 필요한 전문지식, 기능, 자격, 면허'와 '사회인으로서의 매너' 그리고 '직업 선택법' 및 '각 직업의 내용'과 '근로자의 권리, 고용보험 등 직업에 필요한 기초 정보' 등을 우선으로 꼽고 있었다.

취직을 염두에 두고 있는 학생에게는 고등학교의 경우 국어, 수학과 같은 기본과목보다, 그리고 대학생의 경우는 문학, 법학, 경제학 등의 학문보다 직업에 직결된 과목을 배우고 싶어 하고, 일하기 위한 예비 지식과 직업 탐색법을 배우고 싶다고 말하고 있다.

8) 평생교육[19]의 중요성

이 장의 마지막에 또 하나의 중요한 생각을 추가하고자 한다. 그것은 평생교육이라는 개념이다. 지금까지는 주로 취직 전에 학교에서 어떤 교육을 받을 것인가를 논의해 왔으나, 이제는 학교 졸업 후에도 교육기회를 가지는 일이 미래 사회에서 중요하다는 것을 말하려고 한다.

사회에 진출하고 나서야 정말 필요한 지식이나 기술이 무엇인지

---

19 역주: 일본에서는 평생교육에 해당되는 용어로 '생애교육(生涯教育)'이란 단어를 쓰고 있다.

를 알아차리는 경우가 있다. 이럴 경우 다시 한 번 학교로 돌아가 지식이나 기술을 배워 경력 개발을 하는 것이 개인이나 사회에 큰 의미가 있다. 사람에 따라서는 근무 중인 회사 내에서 경력 개발을 할 수도 있고, 전직(轉職)을 목표로 경력 개발을 하는 경우도 있을 것이다.

대학 졸업자라면 대학원에 입학해서 배우면 될 것이다. 아니면 대학에 다시 들어가 대학 시절에 배운 학문과는 다른 분야를 배울 수도 있을 것이다. 고등학교를 졸업했거나 전문대를 졸업한 경우라면 일정 기간 일하고 나서 대학교에 다시 입학할 수도 있다. 일하면서 통학하기 쉬운 야간이나 휴일 강좌를 충실히 이수할 수 있는 교육 기반을 조성하는 일도 필요하다.

인간은 어느 연령에서나 배우고 스스로의 능력을 높일 필요가 있다. 이런 교육을 평생교육이라 할 수 있다. 아니면 재교육이라 불러도 좋다. 평생교육이나 재교육의 장점은 교육을 통해 그 사람의 직업능력을 높여 고용 가능성을 높인다는 데 있다. 이런 과정을 마친 사람들은 근로조건이 보다 나은 직업을 가질 가능성도 높아지게 된다. 원래 평생교육이나 재교육에는 비용이 들기 때문에 그 교육비를 어떻게 할 것인가 하는 점이 큰 과제다. 현재처럼 공교육비 지출이 적고 수익자 부담 원칙이 적용되는 상황에서는 소득이 적은 비정규직 종사자들이 평생교육이나 재교육을 받고 싶어도 그 교육비를 내기가 어렵다. 여기서도 앞 장에서 논의한 문제가 발생한다. 따라서 장학금의 내실화 등 다양한 정책을 마련할 필요가 있다. 또한 학교 측도 경력 개발과 능력 향상에 도움이 되는 지식이나 기능을 가르치도록 노력해야 한다. 이 점은 이 장에서 주장해 온 바와 일관된다.

제 6 장

일본의 교육양극화를
어떻게 해결할 것인가

지금까지 학력사회 일본의 실상, 가정환경의 영향력, 학교교육의 발전과 양극화의 출현, 불평등화되어 가는 일본의 교육 그리고 일본 교육이 나아갈 길을 논의해 왔다.

　　이제 이 마지막 장에서 지금까지 분석한 일본 교육의 양극화 현상의 실상을 종합적으로 논의하면서, 일본 교육이 당면하고 있는 문제, 곧 일본의 교육양극화를 어떻게 할 것인가에 대한 개선책을 강구하며 가능한 대안들을 제시하고자 한다.

1. 교육양극화 해소를 위한 해법

1) 교육기회의 양극화와 교육결과의 양극화

교육의 양극화를 보는 관점에는 교육을 받을 '기회의 양극화'와 교육을 받은 '결과의 양극화'라는 두 가지의 관점이 있다. 이 중 교육결과의 양극화에 관하여 논의해 보자. 교육결과의 양극화는 서로 다른 교육을 받은 사람들이 사회생활 및 경제생활을 시작한 뒤 그들에게 어떤 차이가 생기느냐에 관한 것이다. 1장에서 교육 또는 학력과 관련하여 세 가지 차원에서 양극화 현상이 있다고 하였다. 첫째는 중학교, 고등학교, 전문대, 4년제 대학, 대학원 등 어느 단계의 학교를 졸업했느냐에서의 차이이고, 둘째는 명문 학교냐 아니냐 하는 졸업한 학교의 질이나 인지도의 차이이며, 셋째는 고등학교는 인문계와 실업계 그리고 대학은 전공 과목 등 최종 학교에서 무엇을 전공했느냐의 차이였다. 통상 학력을 이야기할 때는 첫 번째의 졸업학교 단계의 차이를 말한다.

그렇지만 여기서는 오늘날의 교육양극화를 이야기하기 위한 중요한 요소로 두 번째와 세 번째에 주목하고자 한다. 이들 세 가지 차원에서의 격차는 학교 졸업 후의 사회생활과 경제생활에 어떤 영향을 미치는가? 예를 들면, 직업, 승진, 소득에 미치는 영향에 주목하여 결과의 양극화가 어떻게 되어 가는지를 살펴보자. 이어 교육기회의 양극화를 살펴보는데, 교육기회의 양극화란 교육을 받고자 할 때 평등한 기회가 주어지느냐에 관한 것이다. 세 가지 차원에서의 격차가 어떤 요인 때문에 생기는지를 분석하면 교육기회의 양극화에 대한 실태가 드러나게 된다. 여기서는 학부모의 학력이나 직업 그리고 소득 등 가정의 경제 상태, 부모와 자식 간의 교육에 대한 태도, 거주 지역에 따라 학력(學歷)이나 학력(學力)에서 차이가 생긴다는 것, 곧 교육기회의 평등에 관한 차이가 발생한다는 것을 알 수 있다.

현재 일본의 교육양극화를 논할 때 이 세 가지 차원에서 격차가 있다는 것, 이것들이 교육기회의 양극화나 교육결과의 양극화에 어떤 영향을 미치는지를 알 수 있게 된다면 이 책의 목적은 달성되었다고 할 수 있다.

2) 결과의 양극화를 어떻게 볼 것인가

학력(學歷)을 이야기할 때 일반적으로 주목하는 것은 교육양극화의 문제인데, 이는 최종 학력의 차이가 그 사람의 임금·소득에 어떤 영향을 미치는지에 관한 것으로 귀결된다. 한마디로 중학교 졸업자, 고등학교 졸업자, 전문대 졸업자, 4년제 대학 졸업자 간에 임금·소득의 격차가 어떻게 나타나는지를 보는 것이다. 1장에서 보았듯이, 일본은 학력에 따른 임금·소득의 격차가 미국, 유럽, 한국보다는 작다. 이런 의미에서는 일본이 심각한 학력사회라고는 말할 수 없다.

그러나 어떤 직업을 가지느냐 또는 취업 후 승진이 어느 정도까지 가능하냐에 초점을 맞추면 일본에서 이에 대한 학력의 영향은 크다는 것을 알 수 있었다. 학력이 높을수록 사무직에 취업할 확률이 높고, 학력이 낮을수록 생산직에 취업할 가능성이 높다. 그렇기에 사무직에 취업하고자 하는 사람은 높은 학력을 가져야 한다. 이런 경향에 관해서는 일본의 과거 역사를 되돌아보면 잘 알 수 있다. 과거에는 상당한 비율의 고등학교 졸업자가 사무직에 취업하였지만, 이제는 전문대나 4년제 대학을 졸업한 사람들이 사무직의 다수를 차지하고 있다.

직업에 관한 학력의 영향력은 시대의 흐름과 함께 변하고 있지만, 오늘날에는 그 영향력이 실로 크다고 할 수 있다. 기업이나 관공서에서의 승진에 초점을 맞추면, 중학교 졸업자보다는 고등학교 졸업자가, 그리고 고등학교 졸업자보다는 대학교 졸업자가 과장이나 부장 그리고 임원으로 승진하는 데 유리하다는 것을 보면, 여기에서도 고학력을 소유한 사람이 유리하다.

그러나 앞서 논했듯이 일본은 학력 간의 임금·소득의 차이가 다른 나라보다 작다. 이는 일본 기업에 취직 후 고위직으로 승진하게 되면 꽤 높은 임금·소득을 받을 수 있지만 고학력자가 모두 승진하는 것은 아니기 때문이다. 평균적으로 보아 일본에서 학력 간 임금·소득의 차이가 작게 나타나는 이유는 학력이 높아도 승진하지 못하는 사람이나 승진이 늦은 사람이 꽤 많기 때문이다.

오늘날 일본인들은 어떤 학교를 졸업했는지, 곧 명문 학교인지 아닌지에 관해 많은 관심을 쏟고 있다. 명문 대학 출신자가 승진이나 임원 그리고 사장이 되는 데 유리하기 때문이다. 그러나 비명문 학교 출신자도 상당수 승진하고 있어서 그들이 승진에서 배제되고 있는 것은 아니다. 일본 기업이 학력주의에서 능력과 실적 위주로 조금씩 변화해 가고 있음을 말해 주고 있다고 할 수 있다.

3) 저학력층과 불안정한 직업

현대 일본 교육에서는 결과의 차이로 인한 저학력층 문제가 훨씬 더 심각하다. 중학교 졸업자나 고등학교 졸업자 또는 고등학교 중퇴자는 일자리를 얻기가 힘들다. 설령 일자리를 얻는다 해도 아르바이트나 임시직, 계약직과 같은 비정규직의 불안정한 저임금 일자리를 가지는 경우가 흔하다. 그들은 현재 양극화 사회에서 하류층에 자리하고 있는데, 이를 빈곤의 문제로 바라볼 필요도 있다.

이러한 저학력층이 직면한 교육양극화, 곧 결과의 양극화를 어떻게 할 것인가? 이에 대해서는 크게 두 가지의 개선책을 생각해 볼 수 있다. 첫째는 능력이 있거나 노력할 의욕이 있는 사람이 자신의 의지와 관계없이 저학력 상태로 끝나지 않도록 다양한 방법을 강구할 필요가 있다. 둘째는 정규직과 비정규직 간의 격차를 줄이는 일인데, 예를 들면 정규직을 원하는 사람에게는 되도록 그런 일자리를 얻도록 해 주는 일이다. 첫 번째의 방안은 교육정책에서 할 일이고, 두 번째의 방안은 양극화를 시정하기 위한 정책에 관한 것이라 할 수 있다. 둘 다 중요한 정책이며 국가나 민간이 다 함께 노력해야 할 과제다.

4) 인문계 고등학교는 줄이고, 실업계 고등학교는 늘리고

일본의 교육양극화를 논할 때 보통 고학력층과 저학력층의 격차가 어떠냐 하는 차원에서 이야기를 전개한다. 그렇지만 이 책에서는 3극화가 진행되고 있음을 지적한 바 있다. 즉, 고등학교 졸업 이하,

전문대 졸업과 4년제 대학 졸업 그리고 인지도가 높은 대학 졸업자 사이에 격차가 나타나는 3극화의 문제다. 이들 셋 간의 차이가 존재하고 있음을 이야기한 바 있다.

나아가 전공에 관해서도 언급했다. 1970년대까지는 실업계 고등학교에 다니던 학생이 40% 정도였으나, 현재는 인문계 고등학교가 70% 정도이고 실업계 고등학교는 20% 정도인데 종합 고등학교 5%를 인문계 고등학교 범주에 넣으면 인문계가 압도적으로 다수라는 점도 말한 바 있다. 그런데 인문계 고등학교를 졸업하고 사회생활을 하게 될 때 지금은 과거만큼 좋은 환경에서 일하지 못하는 실정이다. 오히려 실업계 고등학교 출신이 직업생활을 더 충실히 하고 있다는 것을 이 책에서 보여 주었다. 인문계 고등학교가 훨씬 많다는 점을 지적하면서, 실업계 고등학교에 입학할 수 있는 기회를 더 늘리고, 나아가 실업계 고등학교를 내실화하고 활성화할 필요성을 주장하였다.

비슷한 일이 대학에서도 발생하고 있다. 일본의 대학에서 문학부, 사회학부, 법학부, 경제학부, 경영학부 등 인문사회과학을 배우는 학생들이 이학, 공학, 농학, 의학, 약학 등 이공계에서 공부하는 학생들보다 더 많다. 졸업 후 직업생활과 연계할 때 인문사회과학계 출신이 대학에서 배운 것이 업무에 직접 도움이 되는 경우는 적다. 과거에는 이런 학생들을 입사시킨 후 사내교육을 통해 직업인으로 양성해 왔지만, 현재는 기업이 그렇게 할 재정적 여력이 약해졌다. 한편 이공계 전공자의 경우는 대학에서 배운 내용이 직업생활에 활용되는 경우가 많다. 따라서 이공계 분야를 배울 학생들을 늘릴 방안을 강구하는 것도 좋을 것이다.

그런데 이공계 출신자가 취직하기는 쉽지만 취직 후 승진이나 임금이 인문계 출신자보다 불리하다. 따라서 그들을 더 우대하는 인사정책이 필요하다. 이공계 중 의학부 출신자들은 소득이 높고 직업생활에 혜택을 받고 있는 경우가 많기 때문에 예외이기는 하다. 다만 일부 진료 과목은 의사가 부족한 경우가 많아 병원 근무 시 격무에 시달리는 가혹한 근로조건에 놓이는 문제점도 있지만, 여기서는 이에 관해 더 이상 논하지 않을 것이다.

5) 교육기회의 양극화를 어떻게 볼 것인가

교육을 많이 받고자 할 때, 예를 들면 대학에 들어가고자 할 때 또는 명문 대학에 들어가고자 할 때, 누구에게나 그 기회가 주어지고 있을까? 이 책에서는 이러한 기회 균등에 관해서도 논해 왔다. 그중에서도 대학에 진학하고자 하는 희망이 어느 정도 충족되고 있는지에 주목하였다.

여기서의 변수는 가정의 경제 상태다. 40~50년 전의 일본이면 평균적으로 가계 소득이 낮았기 때문에 경제적인 이유로 대학 진학을 포기해야 하는 경우가 많았다. 그 후 일본 경제가 풍요로워져서 평균적인 가정에서 경제적인 이유로 대학 진학을 포기하는 경우는 줄어들었다. 그러나 지금 문제시해야 할 것은 빈곤 상태에 놓여 있는 저소득층 가정에서 자란 아이들이 대학에 진학하기 어렵다는 사실이다. 일본은 이미 양극화 사회로 진입하였으며 빈곤 가정이 증가하고 있다는 점은 큰 문제다.

대학 진학을 결정하는 요인으로는 학부모나 가정의 경제 상태뿐만 아니라 다음과 같은 요인도 작용한다는 점을 지적했다. 첫째는 타고난 능력이나 학업성적, 둘째는 가정의 교육열,[1] 셋째는 당사자의 노력 정도, 넷째는 학비 정도, 다섯째는 장학금 제도, 여섯째는 명문 학교인가 아닌가 하는 교육의 질, 일곱째는 학원이나 가정교사와 같은 사교육의 영향력이다. 이러한 요인들이 중첩적으로 작용하여 대학 진학 및 어떤 대학에 진학할 것인가에 영향을 준다. 이 책에서는 이 모든 요인이 가지는 특성이나 영향력을 꽤 상세하게 논했다. 학력 하강 회피설, 명문도 상승 희망설, 인센티브 디바이드, 문화자본, 학력(學力)자본 등을 살폈고, 대학 진학은 했지만 가계에 무리를 가져오는 생활환경 등에서 기회평등 여부가 어떤지를 논해 왔다.

6) 교육기회 균등을 확보하기 위해서: 일본 교육의 특징에서

방금 논한 관점에 기초하여 교육기회의 평등 문제를 살펴볼 때, 일본 교육은 어떤 특징을 지니는가? 그 특징을 살피고, 그것이 일본의 교육양극화와도 밀접하게 관계되므로 양극화를 개선하기 위해 어떤 방안을 마련해야 할지를 탐색해 보자.

첫째, 나는 공적 자금에 의한 교육비 지출을 늘릴 필요가 있음을 주장한다.[2] 일본은 자녀 교육은 주로 학부모나 가정에 책임이 있다고 생각해 왔다.

---

1 역주: 저자는 '교육열심(教育熱心)'이란 말을 쓰고 있는데, 이를 '교육열'로 번역하였다.
2 역주: 이 한 문장은 해당 문단의 명확성을 위해 저자의 주장에 기초하여 역자가 추가한 것이다.

이런 연유로 의무교육 후 고등학교나 대학교의 높은 학비 부담을 가정이 책임져야 한다는 생각이 주를 이루어 왔다. 고등학교나 대학교에 진학할 것인가 말 것인가 하는 것도 학부모나 가정이 자유롭게 정한다는 것이다. 그러므로 그 경제적 부담은 학생 자신이나 학부모 또는 가정이 떠맡아야 한다는 생각이 자리 잡게 되었던 것이다.

일본의 국립대학의 등록금은 연간 50만 엔(675만 원 정도)을 넘으며, 사립대학의 등록금은 그 두 배 정도다. 선진국과 비교할 때 높은 편이다. 미국은 학비는 비싸지만 장학금 제도가 잘되어 있다. 그러나 일본은 학비도 비싸고 장학금 제도도 부실하다. 따라서 일본은 가정에 교육비 부담을 강요하는 대표적인 나라라 해도 과언이 아니다. 이는 OECD 국가 중 공교육비 지출 대 GDP 비율이 가장 낮다는 점에서도 여실히 드러난다. 일본에서 교육은 사유재라는 의식이 강해서 교육비 부담을 가계에 지우고 있는 것이다.

나는 공적 자금에 의한 교육비 지출을 늘릴 필요가 있음을 거듭 주장하여 왔다. 최근 민주당 정권하에 실시된 고등학교 수업비 무상화 정책은 그 첫걸음으로 평가할 수 있다. 장학금 제도를 확충하는 일도 바람직하다.

둘째, 첫 번째로 제시한 방안과 관련이 있는데, 공립학교와 사립학교 간의 격차를 줄여야 한다.[3] 일본에서는 공립학교보다는 사립학교 비중이 높다는 특징이 있다. 물론 의무교육의 경우는 그렇지 않지만 고등학교, 특히 대학교의 경우는 사립이 압도적으로 많다. 이

---

3 역주: 이 한 문장 역시 해당 문단의 명확성을 위해 저자의 주장에 기초하여 역자가 추가한 것이다.

때문에 일본은 국가의 교육비 지출이 인색했다. 이 책에서는 공립학교와 사립학교 사이에 새로운 격차가 생기고 있다는 점도 상세히 논해 왔다.

사립대학의 의의와 독자적인 건학 이념과 교육 방침을 존중해야 한다. 지나치게 가계 부담에 의존하는 상황에서는 국·공립 대학에 지원하는 금액과 동등한 액수는 아니더라도 사립대학에 사학조성금과 같은 공적 자금을 더 투자해야 한다고 본다.

일부 사립 고등학교가 우세한 이유는 학원 등 사교육이 큰 영향을 주었기 때문이다. 선진국에서는 학원이 거의 존재하지 않는 데 비해, 일본에서는 사교육이 큰 영향력을 행사하고 있다는 점이 특징이다. 사교육을 어느 정도 받을 수 있느냐가 명문 고등학교나 명문 대학에 들어갈 수 있는 하나의 열쇠가 되고 있다. 사교육은 어느 정도 부유한 가정의 자녀들이라야 받을 수 있기 때문에 가난한 가정의 자녀는 받을 수가 없다.

이런 의미에서 교육의 기회균등이 훼손되고 있다고 할 수 있다. 그렇다면 이런 문제를 해결할 수 있는 대책은 무엇일까? 이에 관해서는 두 가지의 방안을 강구할 수 있다. 첫째는 초·중학교 또는 고등학교에서 학급당 학생 수를 크게 줄여 소수 인원으로 교육시키는 안이다. 그러기 위해서는 교원 수를 늘리고 우수한 교원을 확보하기 위한 처우 개선책도 필요하다. 따라서 여기서도 공적 교육비 지출을 늘리는 일이 불가피하다. 둘째는 고등학교 학비를 무상으로 해서 가계 부담을 줄이는 방안이다. 학비를 국가가 부담하는 정도의 금액을 학원 등의 사교육비에 지출하면 보다 많은 학생이 사교육을 받을 수 있을 것이다. 이는 한마디로 가계에 교육비를 보조해 주는 정책이라

할 수 있다.

나는 개인적으로는 첫 번째 안이 더 좋다고 생각한다. 사교육은 일본적인 특징이며 무거운 가계 부담과 교육양극화를 낳는 배경이 되고 있으므로, 사교육에 그렇게 기대지 않아도 되는 쪽으로 정책을 마련하는 것이 첫 번째 안이다. 과감하게 학급당 학생 수를 줄이면 학업능력이 높은 학생이나 낮은 학생이 지금보다 더 충실하게 지도받을 수 있어 좋은 학교교육을 받게 될 것이다. 이것이 각 학생의 학업능력을 높이는 방법이 될 것이다. 학생이나 학부모에게 불필요한 열등감을 안겨 주지 않는다면 능력별 학급편성의 장점을 살리는 방안도 고려해 볼 만하다. 그러나 그것이 어렵다는 사실은 이미 지적한 바 그대로다.

2. 교육의 역할과 양극화

교육은 무엇 때문에 존재하는가, 그리고 어떤 교육방법이 바람직한가와 같은 물음에 대한 답을 교육학 관점에서 논의한 바 있다. 그렇지만 사람은 교육을 받고 사회에 나가 일해서 소득을 얻는다. 더구나 받은 교육내용에 따라 얻는 일자리나 소득에 차이가 발생한다. 따라서 교육의 목적과 역할을 경제학의 관점에서 논해도 좋다는 생각이다.

이 책에서는 경제학 관점에서 교육을 논해 왔다. 교육학자와 경제학자는 논의가 서로 부합되지 못하는 경우도 있지만 어느 쪽 주장에 손을 들어 주느냐는 독자의 판단에 맡긴다. 경제학을 전공해서 그런

지는 모르겠지만, 나는 학교교육에서 학문이나 교양의 습득도 중요
하지만 취업 후 업무에 활용 가능한 지식이나 기능의 습득 그리고
일하는 의의 등을 좀 더 많이 가르쳐야 한다고 생각한다. 그러기 위
한 구체적인 수단도 서술한 바 있는데, 이에 관해서는 더 이상 상세
하게 이야기하지 않겠다.

　어떤 교육개혁 정책을 마련할 것인가에 관해서는 어떤 철학이나
윤리 사상에 기초하느냐가 대단히 중요하다. 다양한 철학과 윤리 사
상을 소개한 뒤, 나는 자유주의를 좋아한다고 명확히 주장하였다.
한마디로 롤스나 로머의 사상에 입각한 자유와 평등을 중시하는 쪽
이다. 이러한 철학과 윤리 사상에 근거해서 일본 교육개혁의 방향을
논해야 한다고 본다. 사람들이 희망하는 교육을 자유롭게 받고자 원
한다면 사회는 그것이 가능하도록 제도를 만들고 정책을 강구할 필
요가 있다. 이때 타고난 능력 차이나 노력 차이도 얽혀 있기 때문에
어느 정도는 교육격차가 생기는 것이 불가피하다. 그렇지만 유능한
사람이 사회에 공헌한다는 사실을 경시하지는 않으면서도, 교육 때
문에 생기는 직업, 근로조건, 소득 등에서의 다양한 격차는 되도록
크지 않도록 하는 체제와 정책도 필요하다고 본다. 이것을 마지막으
로 확인해 두고자 한다.

232

참고문헌

青沼吉松『日本の経営層―その出身と性格(일본의 경영층―그 출신과 성격)』日本経済新聞 社, 1965年

阿部彩『子どもの貧困―日本の不公平を考える(아동의 빈곤―일본의 불평등을 생각하다)』岩 波新書, 2008年

荒牧草平「教育達成過程における階層間格差の様態―MT モデルによる階層効果と選抜行動効 果の検討」米澤彰純編『教育達成の構造』2005年 SSM 調査研究会, 2008年

伊藤彰浩「大卒者の就職・採用メカニズム(대학 졸업자의 취직・채용 메커니즘)」寺田盛紀編 『キャリア形成・就職メカニズムの国際比較―日独米中の学校から職業への移行過程(커 리어 형성・취업 메커니즘의 국제 비교―일독미중의 학교에서 직업으로 이행하는 과정)』 晃洋書房, 2004年

井上達夫『他者への自由―公共性の哲学としてのリベラリズム(타자를 향한 자유―공공성 철 학으로서의 리버럴리즘)』創文社, 1999年

井上達夫『自由論(자유론)』岩波書店, 2008年

猪木武徳『大学の反省』NTT 出版, 2009年

岩内亮一・苅谷剛彦・平沢和司編『大学から職業へII(대학에서 직업으로 2)』広島大学教育研 究センター, 1988年

岡野雅行『学校の勉強だけではメシは食えない!(학교 공부만으로는 먹고 살 수 없다)―世界一 の職人が教える「世渡り力」「仕事」「成功」の発想』こう書房, 2007年

尾木直樹『新・学歴社会がはじまる―分断される子どもたち(새로운 학력사회가 시작되다―분 단되는 아이들)』青灯社, 2006年

小塩隆士『教育の経済分析』日本評論社, 2002年

尾嶋史章編『現代高校生の計量社会学(현대 고교생의 계량사회학)』ミネルヴァ書房, 2001年

尾嶋史章"父所得と教育達成(아버지의 소득과 교육성취)"米澤彰純編『教育達成の構造(교육성 취의 구조)』2005年 SSM 調査研究会, 2008年

片岡栄美「教育達成におけるメリトクラシーの構造と家族の教育戦略」盛山和夫・原純輔監修 『学歴社会と機会格差』現代日本社会階層調査研究資料集 3, 日本図書センター, 2006年

片瀬一男『夢の行方―高校生の教育・職業アスピレーションの変容(꿈의 행방―고등학생의 교 육적・직업적 포부(aspiration)의 변화)』東北大学出版会, 2005年

苅谷剛彦『学校・職業・選抜の社会学―高卒就職の日本的メカニズム(학교・직업・선발의 사 회학―고등학교 졸업자의 취직에 관한 일본적 메커니즘)』東京大学出版会, 1991年

苅谷剛彦『大衆教育社会のゆくえ―学歴主義と平等神話の戦後史』中公新書, 1995年

苅谷剛彦『階層化日本と教育危機―不平等再生産から意欲格差社会へ(계층화 일본과 교육위 기―불평등 재생산으로부터 의욕양극화 사회로)』有信堂高文社, 2001年

苅谷剛彦『学力と階層(학업성적과 계층)』朝日新聞出版, 2008年

苅谷剛彦『教育と平等―大衆教育社会はいかに生成したか(교육과 평등―대중교육사회는 어떻

게 출현했는가?)』中公新書, 2009年

熊沢誠『働き者たち泣き笑顔―現代日本の労働・教育・経済社会システム(일하는 자들의 마지못해 웃는 얼굴―현대 일본의 노동・교육・경제사회 시스템)』有斐閣, 1993年

熊沢誠『若者が働くとき―「使い捨てられ」も「燃えつき」もせず(젊은이가 일할 때―쓰고 버리지도 않고 헌신하지도 않는)』ミネルヴァ書房, 2006年

厚生労働省『労働経済白書(노동경제백서)』(2005年版)

厚生労働省〈賃金構造基本統計調査(임금구조 기본 통계조사)〉(2006年版)

厚生労働省委託〈若年者の職業生活に関する実態調査(正社員調査)(청소년 직업생활에 관한 실태조사(정규직 사원 조사))〉(2003年)

厚資料는 UFJ 総合研究所〈若年者のキャリア支援に関する実態調査(청소년의 커리어 지원에 관한 실태조사)〉(厚労省委託, 2003年)

小杉礼子・堀有喜衣編『キャリア教育と就業支援―フリーター・ニート対策の国際比較(커리어교육과 취업지원―프리타 니토 대책의 국제 비교)』勁草書房, 2006年

小林雅之 "先進各国における奨学金制度と奨学政策(선진 각국의 장학금 제도와 장학정책)" 東京大学大学総合教育研究センター編〈諸外国における奨学制度に関する調査研究及び奨学金事業の社会的効果に関する調査研究(외국의 장학제도에 관한 조사연구 및 장학금 사업의 사회적 효과에 관한 조사연구)〉報告書, 2007年

小林雅之『進学格差―深刻化する教育費負担(진학격차―심각해지는 교육비 부담)』ちくま新書, 2008年

小林雅之『大学進学の機会―均等化政策の検証(대학 진학의 기회―균등화 정책의 검증)』東京大学出版会, 2009年

近藤博之 "高度成長期以降の大学教育機会―家庭の経済状態からみた趨勢(고도성장기 이후의 대학교육 기회―가정의 경제 상태로 본 추세)"『大阪大学教育学年報(오사카 대학 교육학 연보)』vol. 6, 2001年

佐藤俊樹『不平等社会日本―さよなら総中流(불평등 사회 일본―안녕! 모든 중류층이여)』中公新書, 2000年

新堀通也編著『学歴意識に関する調査研究』広島大学, 1967年

竹内洋『学歴貴族の栄光と挫折』中央公論新社, 1999年

橘木俊詔『昇進のしくみ』東洋経済新報社, 1997年

橘木俊詔『日本の経済格差―所得と資産から考える(일본의 경제격차―소득과 재산으로 생각한다)』岩波新書, 1998年

橘木俊詔『脱フリーター社会―大人たちにできること(탈프리타 사회―어른들이 할 수 있는 것)』東洋経済新報社, 2004年

橘木俊詔『格差社会 何が問題なのか(격차사회 무엇이 문제인가)』岩波新書, 2006年

橘木俊詔『女女格差』東洋経済新報社, 2008年

橘木俊詔『早稲田と慶応―各門私大の栄光と影』講談社現代新書, 2008年

橘木俊詔『東京大学 エリート養成機関の盛衰』岩波書店, 2009年

橘木俊詔『灘校―なぜ「日本一」であり続けるのか(나다(灘)교―일본 최고를 유지하는 이유는?)』光文社新書, 2010年

橘木俊詔・連合総合生活開発研究所編『「昇進」の経済学―なにが「出世」を決めるのか』東洋経済新報社, 1995年

橘木俊詔・浦川邦夫『日本の貧困研究(일본의 빈곤 연구)』東京大学出版会, 2006年

橘木俊詔・木村匡子『家族の経済学―お金と絆のせめぎあい』NTT 出版, 2008年

橘木俊詔編著『働くことの意味(일을 한다는 의미)』「叢書 働くということ(총서 일을 한다는 것)」ミネルヴァ書房, 2009年

橘木俊詔・松浦司『学歴格差の経済学(학력격차의 경제학)』勁草書房, 2009年

橘木俊詔・八木匡『教育と格差―なぜ人はブランド校を目指すのか(교육과 격차―왜 사람은 명문교를 목표로 삼는가?)』日本評論社, 2009年

橘木俊詔・森剛志『新・日本のお金持ち研究―暮らしと教育』日本経済新聞社, 2009年

中央教育審議会〈キャリア教育・職業教育特別部会(커리어 교육・직업교육 특별부회)〉報告書, 2010年

田中萬年『生きること・働くこと・学ぶこと』技術と人間, 2002年

堤未果『貧困大国アメリカ II(가난한 대국 미국 2)』岩波新書, 2010年

都村聞人 "家計の学校外教育に影響を及ぼす要因の変化(가계의 과외교육에 영향을 미치는 요인의 변화)" 中村高康編『階層社会の中の教育現象(계층사회 속의 교육현상)』2005年 SSM 調査研究会, 2008年

寺田盛紀「普通科高校生の大学への移行・進学課程―職業選択・職業観形成との関連で(인문계 고등학생의 대학 진학 과정―직업 선택 및 직업관 형성과의 관련에서)」寺田盛紀編『キャリア形成・就職メカニズムの国際比較―日独米中の学校から職業への移行過程(커리어 형성과 취업 메커니즘의 국제 비교―일본, 독일, 미국, 중국의 학교에서 직업으로 이행하는 과정)』晃洋書房, 2004年

寺田盛紀「高校職業教育と職業・就業の関連構造―目標・課程における緩やかな関連と就職関係における密接な関係」寺田盛紀編『キャリア形成・就職メカニズムの国際比較』

東京大学大学院研究科大学経営・政策研究センター〈高校生の進路追跡調査 第1次報告(고교생의 진로 추적 조사 1차 보고)〉2009年7月

東京大学大学院研究科大学経営・政策研究センター "高校生の進路と親の年収の関連について(고등학교 학생의 진로와 부모의 연간 수입 관련에 대해서)" 2009年7月

中澤渉「戦後高等教育の拡大と高校間格差構造の変容」米澤彰純編『教育達成の構造』

『日本経済新聞(일본경제신문)』2009年11月14日付

西丸良一「国・私立中学校の学歴達成効果(국・사립 중학교 학력 달성 효과)」米澤彰純編『教育達成の構造』2005年 SSM 調査研究会, 2008年

樋田大二郎・岩木秀夫・耳塚寛明・苅田剛彦編『高校生文化と進路形成の変容(고교생 문화와 진로 형성의 변화)』学事出版, 2000年

広田照幸『格差・秩序不安と教育』世織書房, 2007年

広田照幸『ヒューマニティーズ 教育学』岩波書店, 2009年

広田照幸「教育改革の構図と今後の諸構想」『全労済協会だより』vol. 32, 2009年

福地誠『教育格差絶望社会(교육격차의 절망적인 사회)』洋泉社, 2006年

古田和久 "教育社会の不平等生成のメカニズムの分析(교육사회의 불평등 생성의 메커니즘의 분석)" 米澤彰純編『教育達成の構造(교육성취의 구조)』

『プレジデント(프레지던트)』2009年10月19日号

本田由紀『若者と仕事―「学校経由の就職」を超えて(젊은이와 일―학교를 경유하는 취직을 초월하여)』東京大学出版会, 2005年

本田由紀『「家庭教育」の隘路―子育てに強迫される母親たち(가정교육의 고충―자녀교육에 강박관념을 갖는 엄마들)』勁草書房, 2008年

本田由紀『教育の職業的意義(교육의 직업적 의의)』ちくま新書, 2009年

宮寺晃夫『リベラリズムの教育哲学―多様性と選択(리버럴리즘의 교육철학―다양성과 선택)』

勁草書房, 2000年

宮寺晃夫『教育の分配論―公正な能力開発とは何か(교육의 분배론―공정한 능력개발이란 무엇인가)』勁草書房, 2006年

盛田昭夫『学歴無用論』文藝春秋, 1966年

文部科学省〈学校基本調査(학교기본조사)〉

文部科学省〈子どもの学習費調査(아동의 학습비 조사)〉(1994~2004年)

文部科学省〈今後の学校におけるキャリア教育・職業教育の在り方について(향후 학교에서의 경력교육・직업교육 양상에 대하여)〉報告書, 2009年

文部科学省〈教育安心社会の実現に関する懇談会(교육 안심 사회의 실현에 관한 간담회)〉報告書, 2009年

文部省〈保護者が支出した教育費調査(보호자가 지출한 교육비 조사)〉(1985~1992年)

『文部省年報(문부성연보)』第67年報(1939年度)

文部科学省〈高校生の就職問題に関する検討会議報告(고등학생의 취업문제에 관한 검토회의 보고)〉2001年 2月

安田三郎『社会移動の研究(사회이동의 연구)』東京大学出版会, 1971年

矢野眞和『教育社会の設計(교육사회의 설계)』東京大学出版会, 2001年

吉川徹『学歴と格差・不平等―成熟する日本型学歴社会』東京大学出版会, 2006年

吉川徹『学歴分断社会(학력 분단사회)』ちくま新書, 2009年

労働政策研究・研修機構〈雇用の多様化の変遷: 1994~2003(고용의 다양화의 변천: 1994~2003)〉2006年

脇坂明「コース別人事制度と女性労働」中馬宏之・駿河輝和編『雇用慣行の変化と女性労働』東京大学出版会, 1997年

Bourdieu, Pierre et Jean-Claude Passeron, La Reproduction: 1 ments pour une th orie du syst me d'enseignement, Minuit, 1970(ブルデュー, ピエール, ジャン=クロード・パスロン, 宮島喬訳『再生産―教育・社会・文化』藤原書店, 1991年)

Bowles, Samuel and Herbert Gintis, Schooling in Capitalist America-Educational Reform and the Contradiction of Economic Life (미국 자본주의와 학교교육―교육 개혁과 경제생활), Basic Books, 1976(ボールズ, サミュエル, ハーバート・ギンタス, 宇沢弘文訳『アメリカ資本主義と学校教育』1・2, 岩波書店, 1986, 87年)

Dworkin, Ronald, Sovereign Virtue: The Theory and Practice of Equality, Harvard University Press, 2000(ドゥウォーキン, ロナルド, 小林公・大江洋・高橋秀治・高橋文彦訳『平等とは何か』木鐸社, 2002年)

Evetts, Julia, "Equality of Educational Opportunity: The recent History of a Concept", British Journal of Sociology, vol. 21, 1970

OECD, Education at a Glance 2006, OECD, 2006

OECD, Growing Unequal 2008, OECD, 2008

Rawls, John, A Theory of Justice(정의론), Oxford University Press, 1971(ロールズ, ジョン, 矢島釣次監訳『正義論』紀伊國屋書店, 1979年)

Rawls, John, Justice as Fairness, a Restatement(공정으로서의 정의 재설), Harvard University Press, 2001(ロールズ, ジョン, 田中成明・亀本洋・平井亮輔訳『公正としての正義 再説』岩波書店, 2004年)

Roemer, E. John, Equality of Opportunity(기회의 평등), Harvard University Press, 1998

찾아보기

인 명

저자 소개

　다치바나키 토시아키(橘木俊詔)는 1943년 효고현(兵庫縣)에서 태어났다. 오타루(小樽) 상과대학교(1967년), 오사카(大阪) 대학교 대학원(1969년)을 거쳐, 존스홉킨스 대학교(Johns Hopkins University) 대학원(1973년)에서 박사학위를 취득하였다. 그 후 미국, 영국, 프랑스, 독일 등의 대학교와 연구소에서 가르치는 일과 연구직에 근무하였다. 오사카 대학교 교양학부 교수, 교토(京都) 대학교 대학원 경제학과 교수, 경제기획청 객원 주임연구관, 일본은행 객원연구원, 경제산업성 패컬티, 일본경제학회 회장(2005~2006) 등을 거쳤으며, 현재 도시샤(同志社) 대학교 경제학부 교수, 교토 대학교 명예교수로 재임 중이다. 저서로는 『日本の経済格差(일본의 경제격차)』, 『家計からみる日本経済(가계로 보는 일본경제)』, 『格差社会 何が問題なのか(격차사회 무엇이 문제인가)』(以上, 岩波新書), 『東京大学エリート養成機関の盛衰(도쿄대학 엘리트 양성기관의 쇠퇴)』, 『安心の経済學(안심 경제학)』, 『失業克服の経済學(실업극복의 경제학)』(以上, 岩波新書), 『灘校―なぜ「日本一」であり続けるのか(나다(灘)교―일본 최고를 지속하고 있는 이유는?)』(光文社新書), 『早稲田と慶応(와세다와 게이오)』(講談社現代新書) 등이 있다.

역자 소개

　오무철은 계명대학교 일본학과를 졸업하고, 일본문부성 장학생으로 일본 교토(京都) 대학교에서 일본 문화를 공부하였다. 전남대학교 대학원에서 평생교육을 전공하여 교육학 박사학위를 받았다. 포스코에 입사하여 전문과장(일본 지역), HRD 부서의 팀리더를 거쳐 인재개발원 교수를 지냈다. 현재 기업코칭 전문가로서 기업, 관공서 등 조직을 대상으로 코칭을 비롯한 리더십, 강의 기법, 의사소통 기법 등의 강의를 하고 있다. 역서로는 『1년 내 적자탈출』(21세기북스, 1997)이 있다.

　김병욱은 전남대학교 사범대학과 대학원, 미국 로체스터 대학교(University of Rochester) 대학원에서 교육사회학을 공부하여 박사학위를 받았다. 현재 전남대학교 사범대학 교육학과 교수로, 교육사회학, 평생학습, 질적 교육연구방법론 등을 강의하고 있다. 한국의 학력 경쟁 현실과 주입식 교육 등에 대한 대안으로 체험학습과 외국 교육정책 등에 관심을 가지고 있다. 저서로는 『교육사회학』(2판, 학지사, 2012) 등이 있다.

한국 교육의 자화상
일본의 교육양극화

2013년 2월 20일 1판 1쇄 인쇄
2013년 2월 28일 1판 1쇄 발행

지은이 • 다치바나키 토시아키(橘木俊詔)
옮긴이 • 오무철 · 김병욱
펴낸이 • 김진환
펴낸곳 • (주)학지사

　　　　　 121-837 서울시 마포구 서교동 352-29 마인드월드빌딩 5층
대표전화 • 02-330-5114　　　팩스 • 02-324-2345
등록번호 • 제313-2006-000265호

홈페이지 • http://www.hakjisa.co.kr
커뮤니티 • http://cafe.naver.com/hakjisa

ISBN 978-89-997-0045-3　93370

정가 13,000원